生活・讀書・新知 三联书店

王鼎钧作品系列

王鼎钧

作文七巧

【增订版】

Simplified Chinese Copyright © 2019 by SDX Joint Publishing Company.
All Rights Reserved.
本作品中文简体版权由生活·读书·新知三联书店所有。
未经许可,不得翻印。禁止重制、转载、摘录、改写等侵权行为。

图书在版编目(CIP)数据

作文七巧/王鼎钧著. —增订版. —北京:生活·读书·
新知三联书店,2019.10 (2024.4 重印)
(王鼎钧作品系列)
ISBN 978 – 7 – 108 – 06553 – 7

Ⅰ.①作… Ⅱ.①王… Ⅲ.①汉语－写作
Ⅳ.① H15

中国版本图书馆 CIP 数据核字(2019)第 057735 号

责任编辑	饶淑荣
装帧设计	张 红 康 健
责任校对	常高峰
责任印制	董 欢
出版发行	生活·讀書·新知 三联书店
	(北京市东城区美术馆东街 22 号 100010)
网 址	www.sdxjpc.com
经 销	新华书店
印 刷	北京隆昌伟业印刷有限公司
版 次	2014 年 7 月北京第 1 版
	2019 年 10 月北京第 2 版
	2024 年 4 月北京第 19 次印刷
开 本	787 毫米 × 1092 毫米 1/32 印张 7.25
字 数	109 千字
印 数	133,001 – 143,000 册
定 价	32.00 元

(印装查询:01064002715;邮购查询:01084010542)

目录

新版自序

- 记叙的技巧 001
  - 直叙 002
  - 倒叙 024
- 抒情的技巧 045
  - 抒情 046
- 描写的技巧 067
  - 描写 068

- 议论的技巧 ·········· 089
  - 归纳 ·········· 090
  - 演绎 ·········· 114
- 四种写法的综合应用 ·········· 137
  - 综合 ·········· 138
- 附录 ·········· 165
  - （一）希望你来做 ·········· 166
  - （二）声音 ·········· 189
  - （三）画面 ·········· 197
  - （四）文言白话 ·········· 205
  - （五）原序 ·········· 212

新版自序

那些年，我常常怀念我的中学生活，一心想为正在读中学的年轻人写点什么，我写的时候觉得与他们同在。我陆续写了五本书跟他们讨论作文，也涉及如何超越作文进入文学写作，这五本书在出版家眼中成为一个系列。现在，我重新检视这一套书，该修正的地方修正了，该补充的地方加以补充，推出崭新的版本，为新版本写一篇新序。

《作文七巧》

先从《作文七巧》说起。我当初写这本书有个缘起，有人对我说，他本来对文学有兴趣，学校里面的作文课把这个兴趣磨损了、毁坏了！我听了大吃一惊。

想当初台北有个中国语文学会，创会的诸位先进有个理念，认为文学写作和文学欣赏的能力要从小学、中学时代的作文开始培养，作文好比是正餐前的开胃菜，升学前的先修班。我是这个学会创会的会员，追随诸贤之后，为这个理念做过许多事情。早期的作文和后来的文学该有灵犀相通，怎么会大大不然？

我想，作文这堂课固然可以培养文学兴趣，它还有一个重要的任务，帮助学生通过考试，顺利升学，这两个目标并不一致，当年考试领导教学，在课堂上，老师可能太注重升学的需要，把学生的文学兴趣牺牲了。

那时候，沧海桑田，我已经距离中国语文学会非常遥远，不过旧愿仍在。我想，作文课的两个目标固然是同中有异，但是也异中有同，文学兴趣是什么？它是中国的文字可爱，中国的语言可爱，用中国语文表现思想感情，它的成品也很可爱，这种可爱的能力可以使作文写得更好，更好的作文能增加考场的胜算。

于是我花了三个月的时间写成这本《作文七巧》。记录、描绘、判断，是语文的三大功能，这三大功能用于作文，就是直叙、倒叙、抒情、描写、归纳、演绎，各项基本功夫。我从文学的高度演示七巧，又把实用的效果归于作文考试，谋求相应相求，相辅相成。我少谈理论，多谈故事，也是为了保持趣味，也为了容易记住。

有人劝我像编教材一样写《七巧》，但我宁愿像写散文一样写《七巧》，希望这本讨论如何作文的书，本身就是作文的模板。新版的《作文七巧》有二十五处修正，十九处补充，还增加了三章附录。

《作文十九问》

《七巧》谈的是最基本的作文方法，也希望学习的人层楼更上，对什么地方可以提高，什么地方可以扩大，作了暗示和埋伏。出版以后，几位教书的朋友为我搜集了许多问题，希望我答复，我一看，太高兴了，有些问题正是要发掘我的埋伏。我立刻伏案疾书，夜以继日，写出《作文十九问》，作为《作文七巧》的补述。

我追求文体的变化，这本书我采用了问答体。我在广播电台工作二十年，写"对话稿"有丰富的经验，若论行云流水，自然延伸，或者切磋琢磨，教学相长，或曲折婉转，别开生面，都适合使用这种体裁。问答之间，抑扬顿挫，可以欣赏口才，观摩措辞。当年同学们受教材习题拘束，很喜欢这种信马由缰的方式，出版以后，销路比《七巧》还好。如果《七巧》可以帮助学习者走出一步，《十九问》可以帮他向前再走一步。当然，他还需要再向前走，我在《十九问》中也存一些埋伏，留给下一本《文学种子》发挥。

为什么是十九问呢？因为写到十九，手边的、心中的问题都答复了，篇幅也可以告一段落了。那时还偶然想到，古诗有十九首，"十九"这个数字跟文学的缘分很深。有人说，你这十九问，每一问都可以再衍生十九问。我对他一揖到地，对他说：够了，咱们最要紧的是劝人家独自坐下来写写写，从人生取材，纳入文学的形式，表现自己的思想情感。求其次，希望咱们的读者对文学觉得亲切，看得见门径，成为高水平的欣赏者。学游泳总得下水，游泳指南，适可而止吧。

《文学种子》

这一本，我正式标出"文学"二字，进"写作"的天地。那时候，写作和作文是两个观念，我尝试把作文的观念注入文学写作的观念，前者为初试啼声，后者为水到渠成。在《文学种子》里面，我正式使用文学术语，提出意象、体裁、题材、人生等项目，以通俗语言展示它的内涵。我重新阐释当年学来的写作六要：观察、想象、体验、选择、组合、表现，指出这是一切作家都要修习的基本功夫，我对这一部分极有信心。必须附注，这本书只是撒下种子，每一个项目都还要继续生长茎叶，开花结果。

那时候，文艺界犹在争辩文学创作可教不可教、能学不能学。

我说"创作"是无中生有,没有范文样本,创作者独辟蹊径,"写作"是有中生有,以范文样本为教材,可以教也可以学。当然,学习者也不能止于范文样本,他往往通过学习到达创作,教育的结果往往超出施教者的预期,这就是教育的奥秘。

我强调写作是拳不离手,曲不离口。写作是师父领进门,修行在个人。夸夸其谈误写作,知而不行误写作,食而不化也误写作。一个学习者,如果他对《作文七巧》和《作文十九问》里的那些建议,像学提琴那样照着琴谱反复拉过,像学画那样照着静物一再画过,应该可以顺利进入《文学种子》所设的轨道,至于能走多远,能登多高,那要看天分、环境、机遇,主要的还是要看他的心志。

本来《作文七巧》《作文十九问》《文学种子》这三本书是一个小系列,当时的说法是"由教室到文坛"。但是后来出现一个议题,即现代和古典如何贯通,于是这个小系列又有延伸。

《〈古文观止〉化读》

那些小弟弟小妹妹,先读小学,后读中学,小学的课本叫"国语",全是白话,中学的课本叫国文,出现文言。他们从"桃花谢了,还有再开的时候",突然碰上"学而时习之,不亦说乎"!

这条沟太宽，他们一步跨不过去，只有把文言当作另一种语言来学。白话文是白话文，文言文是文言文，双轨教学，殊途不能同归。

当然，由中学到大学，也有一些人打通了任督二脉，但是从未读到他们的秘籍，好吧，那就由我来探索一番吧。恰巧有个读书会要我讲《古文观止》，我当然要对他们讲时代背景、作者生平，讲生字、僻词、典故、成语，以及文言经典的特殊句法，我也当众朗读先驱者把整篇古文译成的白话。大家读了白话的《赤壁赋》《兰亭序》，当场有人反映：这些文章号称中国文学的精金美玉，怎会这样索然无味？它对我们的白话文学有何帮助？是了，是了，于是我推出进一步的读法。

我们读文言文，目的不止一个，现在谈的是写作，我们对《古文观止》的要求自有重点。现在我们读《赤壁赋》，不从东坡先生已经写成的《赤壁赋》进入，要从东坡先生未写《赤壁赋》的时候参与：他游江，我们也游江；他作文，我们也作文；他用文言，我们用白话。文言有单音词、复音词，看他在一句之中相间使用，我们白话也有单音词、复音词啊！文言有长句，有短句，看他在一段之中交替互换，我们白话也有长句有短句啊！看他文章开头单刀直入，切入正题；看他结尾急转直下，戛然而止；中间一大片腹地供他加入明月，加入音乐，加入忧郁，加入通达，奔腾驰骤，淋漓尽致。这也正是我们白话文学常有的布局啊！他是在写文言文吗，我几乎以为他写的是白话呢！我写的是白话文吗，我几乎以为是文言呢！

我说，这叫"化读"，大而化之，食而化之，化而合之，合而得之。出版后，得到一句肯定：古典文学和现代散文之间的桥梁。

《讲理》

这本书完全是另外一个故事。只因为那时候升学考试爱出论说题，那些小弟弟小妹妹急急忙忙寻找论说文的作法，全家跟着患得患失。那些补习班推出考前猜题，预先拟定三个五个题目，写成文章，要你背诵默写，踏进考场以后碰运气，有人还真的猜中了，考试也高中了。每年暑期，那些考试委员和补习班展开猜题游戏，花边新闻不少。

为什么同学们见了论说题作不出文章来呢？也许因为家庭和学校都不喜欢孩子们提出意见，只鼓励他们接受大人的意见，也许论断的能力要随着年龄增长，而他们还小。我站出来告诉那些小弟弟小妹妹，你们的生活中有感动，所以可以写抒情文；你们的生活中有经历，所以可以写记叙文；你们的生活中也产生意见,一定可以写论说文。

为此我写了《讲理》,为了写这本书,我去做了一年中学教员,专教国文。教人写作一向主张自然流露,有些故事说作家是在半自动状态下手不停挥,我想那是指感性的文章。至于理性的文章,如论说文,并没有那样神秘:它像盖房子一样,可以事先设计;它像数学一样,可以步步推演。你可以先有一个核,让它变成水果。

这本书完全为了应付考试,出版后风行多年,直到升学考试的作文题不再独尊论说。倒也没有人因此轻看了这本书,因为我在书中埋伏了一个主题,希望培养社会的理性。现在重新排版,我又把很多章节改写了,把一些范文更换了,使它的内容更靠近生活,除了进入考场,也能进入茶余饭后。它仍然有自己的生命,因此和《七巧》《十九问》等书并列。

这本书的体例,模仿叶绍钧和夏丏尊两位先生合著的《文心》,在我的幼年,他们深深影响了我,许多年后我以此书回报。感谢他们!也感谢一切教育过我的先进。

记叙的技巧

直 叙

我们用记叙的文体记人记物记地记事。我们记下我们所发现的动静常变今昔表里。我们赖视觉听觉触觉味觉嗅觉及心灵思想发现它们。发现的过程占一段时间,我们先发现什么,后发现什么,有个先后的次序。文章按着这个次序写,就是直叙。

直叙是最难写的一种写法,不幸却又是最基本的写法,情形多半是,在作文课堂上首先要努力"禁止"直叙,后来要完成的则是善用直叙。由于直叙最近"自然",学作文总是先顺着自然写,在这需要使用直叙的时候往往要故意回避,也是一件苦事。

照着自然的顺序写,有时十分必要。那是当"自然顺序"

跟好文章的要求恰恰相符之时。就像一处风景就是天然图画一样，其事常有。例如当年江子翠闹水灾的时候：

> 那天水来得太快。我正坐在桌子旁边写文章，觉得鞋子湿透了，回头一看，水正在把我的脸盆冲到门外去。我赶快站起来穿上衣，水已浸到膝盖。当时来不及收拾任何东西，赶快往外跑，跑到后面的大楼上避水。在楼上，可以看见我的箱子从后面漂出来，先是一只，不久是第二只。水涨到九尺深，过了两天才退。水退以后，回到家里，什么都没有了：十年的藏书完了，十年的剪报完了，收音机、电唱机、咖啡壶这些电器最怕浸水，浸了水不如破铜烂铁。内衣、皮鞋，都不知道哪里去了。你问我损失了多少东西，我现在也不知道。昨天晚上想到今天得早起，用得着闹钟，可是闹钟没有了，这才想起来还损失了一个闹钟。究竟损失了多少东西，得慢慢地发现。

本文所记之事为家中遭受水灾，行文用直叙，作者对事实出现的时间先后并未更动，依序为：

触觉——鞋子湿透。

视觉——面盆漂浮。

触觉——水涨到膝盖。

视觉——水冲走箱子。

视觉——水退。

视觉——十年的藏书完了……

心灵思想——损失了闹钟……

这样的文章在作文课堂上大概可以得到好评,因为作者的这一段经验适合直叙。这样的例子很多。

第一个例子是,我坐在台北市九路公共汽车上,看见一位从乡下来的农夫拿着一根扁担上车,他看看两厢长椅都坐满了乘客,就站在车厢中间。他一定不常坐公共汽车,不曾拉住安全吊环,面向驾驶,堂堂挺立,手里的扁担竟是扛在肩上。走不多远,驾驶忽然来了个急刹车——你知道,在那些年月,这是司空见惯的事。说时迟,那时快,那扛着扁担的乘客,像中古时期持矛的武士一样冲向前去,"咚"的一声,扁担刺中了驾驶人的后脑,而驾驶人居然毫无反应。他伏在方向盘上昏过去了。

第二个例子是,新闻报道说,某县的县长下乡去校阅某一个民防大队。地方人士隆重地搭了一座阅兵台,县长以校阅官身份站在台上,与陪阅人员一同看民防大队的大队长率领全队以"分列式"从阅兵台前经过,这是校阅的高潮,大队全体一致向校阅官行注目礼,受校部队的训练和士气要在此时充分表现出来。所以,为首的大队长一面辛苦地踢着正步,一面鼓足丹田之气喊口令:"向右看!"同时在"看"字出口时猛烈地向右摆头。这时县长突见黑乎乎一件"暗器"直飞阅兵台而来,"啪"的一声落在台上,台上诸人大吃一惊,俯身细察,原来是从大队长口中脱落了的假牙。

也许你说,这些事都太稀罕了,我们在作文课堂上哪来这么多的"鲜"事?那么且说另外的例子。

先说演讲比赛的例子

我们都参加过演讲比赛,或者去做选手,或者去做听众。比赛的结果通常是产生三名优胜者,冠军亚军殿军。当比赛结束,主办人宣布评审结果的时候,照例是,先宣布第三名是谁,然后是第二名,最后才是第一名。我们也许一入会场就注意那个明晃晃的银杯,到将近散场时才知道谁是得主。我们回来写记叙文,记述这一场我们认为很有意义的比赛,写到宣布评审结果那一幕,我们应该照着真实的情况,笔下先出现殿军,其次是亚军,最后才是冠军。我们不必改变它的次序。

另一个例子是听榜

当年大专联考放榜之日,广播电台播报录取名单,考生的家人必定按时收听。名单很长,播报费时颇久,也许要听到最后才听到自己要听的名字(甚或终于没听到要听的名字),所以"听榜"的人得准备忍受折磨。有一位家长为了听榜,事先买来茶叶、瓜子、糖果、点心,劝告全家放松情绪提起精神听到最后一人,谁知板凳还未坐热,开水还没烧开,收音机里劈头报出"楚晋材!",就是他家的长子,考取了第一志愿!全家沸腾,茶也没人喝了,瓜子也没人吃了。三姨五舅赶来道贺,听那收音机还在响,伸手替他们关了,那些名字听不听都无关紧要。事实是这个样子,拿来做文章也就写成这个样子就好。

再举一个飞机迫降的例子

我有一个朋友由东京坐飞机来台北。飞机到了台北上空,空中小姐报告不能立刻降落,得等一会儿。飞机在上空兜圈子,大家趁这个机会俯瞰大台北全景。等到看风景看厌了,飞机还在兜圈子,这就不妙了,大家难免有些紧张。空中小姐又报告:飞机有点小毛病,轮子放不下来,请大家不要惊慌。我那朋友常坐飞机,知道驾驶员正在试着把轮子放下来,也许试着试着就成功了。又等了许久,等到飞机上的汽油烧完了,空中小姐说现在要"迫降"了。她们一一察看乘客的安全带有没有拴好,劝戴眼镜的乘客把眼镜取下来,劝装了假牙的乘客把假牙取下来,劝每一个人都不要把手表、自来水笔、钥匙、指甲刀带在身上。最后她们让每一个人抱着毯子和枕头。然后,空中小姐都躲起来了,飞机要用肚子擦着跑道降落了。机舱里的气氛很恐怖,念佛的、祷告的声音都有——还好,安全降落,有惊无险。事实的先后顺序如此,文章的先后次序也可以如此。

现在谈一篇经典之作：陶渊明的《桃花源记》

陶渊明的《桃花源记》记述一个渔人，怎样发现了世外桃源，后来想再度前往，又怎样失去了桃源。在这篇文章里面，文章叙事的先后和事实进展的先后是一致的：

1. 渔人出外捕鱼，沿着小溪走，遇桃花林。

2. 渔人穿过桃花林，来到山前。

3. 渔人发现一个可疑的山洞，入内探看。

4. 渔人进入肥沃的田野、安静的农村。

5. 山中人款待渔人。

6. 山中人说他们的祖先在秦代搬到山中居住，与外界隔绝。

7. 渔人辞出，山中人叮嘱他保守秘密。

8. 渔人在山洞外面的路上做记号。

9. 渔人向太守报告发现了世外桃源。

10. 太守派人前往桃源察看，由渔人带路。

11. 渔人找不到以前留下的记号，无法再入桃源。

循序而进，恰到好处，我们不可能把任何一项提前或挪后。这是什么道理？为什么有时你可以"直叙"，有时不可？我们姑且假定，记叙文本来都是"应该"直叙的，不论记人记事记物记地，不论记动静常变今昔表里，不论材料来自视听嗅触味思，"秉笔直书"就好。这样产生了许多记叙文。读那些文章的人，总以为其中某几篇写得特别好，闲来无事还想再读一遍，其中某几篇又十分乏味，除了查考资料之外简直不愿意碰它。

每一代都有许多有心人。有心人发现，某一篇记叙文所以生动，多半是因为那件事情本身生动。某一篇记叙文所以平板，多半因为那件事情也平板。事实既难以左右，那么文章也就各有不同的命运：众人爱读或不爱。

事情为什么又有平板或生动之分呢？什么样的事情才是生动的呢？有心人加以比较归纳，找出许多条件来。条件可能很多，多得我们一时无法消受，其中最要紧的，也许只有三项，就是：

起落

详略

表里

三者有一就很好，倘若三者兼备，那真是"文章本天成"了。

有起落，有详略，有表里，就用直叙；没有这些条件又怎么办呢？这就得另外想办法补救，这要在直叙之外另有叙述的办法。所以，直叙以外的办法是不得已的办法。

直叙并不是恶评，"平铺直叙"才是。采直叙手法最忌的就是"平铺"，平铺就没有起落。

"起落"是从读者反应的强弱产生的。"平铺"的缺点就是读者的反应一直很弱，弱到"不起涟漪"，弄成死水无波。

精练的文章里，每一句话、每一个词都对读者产生强弱不等的刺激。作文课堂上恐怕无法考究到这个程度。姑且先用心区别大段文字的强弱起落。拿"听榜"来说吧，文章一开始是大家准备用很长的时间听榜，而且不免挂虑到底考上了第几志愿——那年月一个考生可以填八十多个志愿！谁知报榜的人一下子就报出来大家要听的名字，这是"起"。大家听到了这个名字，高兴了一阵子，然后发觉下面有很多时间没事可做，这段时间本是准备听榜的，事先把"杂务"都推开了，现在不听榜，好像生命出现了空白，这是"落"。三舅五姨突然提议他请大家吃消夜，算是庆祝，他挑了一家极好的馆子,那里的菜很有名,大家还没尝过,这又是"起"。大家的兴致很高,唯有一个人相反,他说他不去,他要睡觉。这人就是考上了第一志愿的那个大孩子,考前考后一直吃不好、睡不好,现在一块石头落了地,突然觉得十分疲倦,钻进卧房再也不肯出来。没有他,好比婚礼中没有新娘,只得改天再说了。这又是"落"。

演讲比赛宣布优胜名单,所以要把名次倒过来,跟"起落"有关。冠军的荣誉最高,奖品最多,到底谁得了冠军,大家最关心。如果一开始就报出冠军的名字来,固然是"起",可是下面再报亚军的名字,就是"落",殿军的名字,再往下"落",情绪一步比一步低,不好。现在反过来,步步是"起",把大家的情绪引到高潮,然后在昂扬的情绪中发奖,在热闹的气氛中散会。所以说,你要记述的事情本身有起落,你写出来的记叙文也有起落。请记住:

读者反应的强弱 = 文章的起落

记叙文除了不可"平铺",还有一戒,是不可"平均"。记一天的生活,把一天分成早、午、晚、夜四个时段,每个时段写上两百字，但早晨做错了一件事，得到一个教训，写了两百字，夜间只是睡眠，连噩梦也没做，也写两百字，这就太平均了。我们常常听见人家批评一篇文章写得不好，说那篇文章是"记流水账"，多半因为那篇文章犯了"平均"的毛病。账本上的记载是很平均的，一块钱可以占一栏，一万元也占一栏，每一栏的大小相同。所以看账本是一件枯燥无味的事情，除非你是会计专家。

作文在下笔之前要考虑安排什么地方写得详细一点，什么地方写得简略一点，有简有繁。这个原则，连大文豪陶渊明也遵守。我在前面把《桃花源记》里面的事件，按照发展的时序列出来，除了南阳刘子骥的"尾声"，共十一条，陶渊明写山中人的生活状况用墨最多，连心理都写到了，写渔人向太守报告写得最简单，只有"诣太守，说如此"六个字。试想在那个年代，乡下渔夫想面见太守，要费多少周折，太守听了渔人的报告，也必定加上一番盘问，这些材料都割舍了。文章开头写那片桃花写得很迷人，文章结尾时只说渔人"遂迷，不复得路"，斩钉截铁地断了希望，那么大一片桃林再也没有提到。在十一条之中有几条写得详细，有几条写得简略，详有详的道理，简有简的道理。

我们试以某一次结婚典礼为习题。结婚典礼的程序不必列举,我们注意的是,哪一项值得细写?哪一项应略写?哪一项可以根本不写?除非另有特殊理由,来宾签名通常可以不写。除非另有特殊理由,婚礼的中心人物是新娘,当新娘披纱捧花踏着红毯缓步向前时,写她的动、静(真个静如处子),写她的今、昔(盛装的新娘比平时"粗服"分外艳丽),写你眼中的常、变(捧花是"常",花球的种类是"变";披纱是"常",礼服的款式是"变"),写你眼中的表、里(一面恋恋不舍她的少女时代,一面兴奋地迎接婚姻的甜蜜)。

重要性仅次于新娘的,当然是新郎。他平时不拘小节,今日十分整洁(今、昔),他呼吸迫促,却竭力镇定从容(表、里),他照例手中握着一双白手套,却不知在什么时候只剩一只了,他竟完全没有发觉(常、变)。除非另有特殊的理由,我们会详细写他。

什么是"另有特殊的理由"?这是说,来宾中间突然来了一个名人,他这人十分忙碌,简直行色匆匆,他的自信心又特别强,签下的名字比别人大三倍。这倒颇能增加婚礼的喜气。这就值得写了。有一次我参加一个婚礼,新娘腿部残障，不良于行，由新郎搀着一同走到证婚人面前，新郎不让伴娘搀她，一定要亲手搀来搀去，而新郎是英俊的、健壮的、温柔的。在这个婚礼上，新郎恐是我们笔下第一个人物了。

通常证婚人在婚礼上并不受大众注意，可是有例外，如果他在致辞时确实说了几句有益世道人心的警语，我们不写出来未免可惜。在战争的年代发生过这样的事：婚礼进行到一半，证婚人、介绍人和来宾都逃走了，因为战争来了。新娘得洗掉妆容换穿旧衣再逃，新郎陪着她，就在他们手忙脚乱的时候，一个将军走进来喝问缘由。将军替他们证了婚，发给他们通行证。这时，焦点人物就是证婚人了。

　　取材有主从，所以文章有繁简，不宜平均。

作记叙文不可平铺，不可平均，也最好做到不平滑。不平滑，文章才有表有里。"表里"意思是，我们通常看事只能看见一面，就像看戏，只看见戏台上张飞对刘备很恭敬，没看见他俩刚刚在后台互相指着鼻子叫骂；就像看人,只看见他穿了一身旧西装,没看见他口袋里有一叠大钞;就像看花,只看见现在一池荷花,没看见冬天一摊污泥。俗语说:"只见贼吃肉,没见贼挨揍。"从前地方上有私刑,抓到小偷就吊起来打,做贼的只要不失风,日子倒过得比一般人舒服。

乡下老太太都说世事有"里三层外三层"。简化一下,姑且说里一层外一层吧;倘若能既见其表,又见其里,文章就格外生动。我们不写报告文学,不做调查研究,又怎么知道里一层?不知道就算了,不过有时候那盖在"外一层"下面的"里"层,偶然会露出一点端倪来,就像外面黑裙飘动让我们看见里面有一条红裙子,虽只恍惚一角,却已耐人寻味。这一瞥所得,往往很有用处,抓住了,就可以使文章生色。我们在作文课堂上那点时间,那点篇幅,也只有这么一丁点儿用武之地,无须贪多。

图画不但把立体的事物固定在平面上,也把时间停止、空间切断。它展示出来的是"外一层",但是,据宋代画家邓椿的记载,有一个画家先画一匹马,再在马蹄旁边画几只飞舞的蝴蝶,以表现"踏花归来马蹄香"的情景,就隐约露出"里一层"来。口袋里装着成叠的大钞和皮夹里只有车票零钱的人，单看衣冠也许难以辨别，但是其中之一听见了"当心扒手"的警告会伸手摸摸口袋，于是泄露了"里一层"的玄机。在美国作家米契尔的长篇小说里面，有一个家庭主妇，婚姻似乎十分美满，后来她不幸得了重病，终至不起，临终时低声喊一个人的名字，显然是个男人的名字，那人不是她的丈夫，不是她的儿子，不是她的哥哥，谁也不认识那个人，只有年老的奶妈知道那个名字是谁，她在喊初恋的情人！她并不像一般人所想的快乐。这真是"豁然开朗"，接着又烟雾迷蒙！

世上不知有多少事，只因为多出来一丁点儿，我们才得到好文章。记得有个老和尚，平素吃斋念佛，有一天生了急病，入院开刀，开出牛排来。记得有个杂货店老板跟太太激烈争吵，下午开奖了，店里还有两张奖券没卖掉，老板太太说："不退回去了，自己留着碰碰运气吧，卖了二十年奖券，月月看人家中奖，怪眼热的。"可是她的丈夫坚决反对。他对奖券的看法是：这玩意儿只能劝人家买，自己从中赚些蝇头微利。吃斋念佛的老和尚有个"里一层"，它借着牛排露出一角来；一脸热情劝人发财的老板也有"里一层"，从只卖不买露出一线边缘来。露出来的都不多，都若隐若现，这就够了。

回头看那个"听榜"的例子：当时全家欣喜若狂，只有那个考取了的人倒头便睡，他在考前考后受了多少折磨啊，这是"里一层"。或者，他没睡，他的爸爸心满意足地问："儿子，你想要什么做奖品，尽管说！"做儿子的没精打采地说："爸，别的我也不要，你把我的画架画笔还给我吧！我想好好地画几张风景。"原来他的兴趣在画，父母却逼着他念物理。

就以上的例子，可以知道：

作文的材料有隐有显，可以形成一表一里。

《桃花源记》有起落，有略详，也有表里。

先说起落。文章开头，"晋太元中，武陵人捕鱼为业"，是很平淡的，渔人撑着船沿溪而行，也没什么特别。但是"忽逢桃花林"，桃林的面积那么大，桃花开得那么茂盛，景象迷丽烂漫，似幻似真，读者的反应加强了，文章有了"起"势。

渔人一直往前走，想看看桃林究竟有多大。"起"势一直维持到桃林尽头，"落"下来。落到水源，山洞。但是山洞里有光,渔人钻进去了,洞很深,也很狭窄。文势又"起"。以后写渔人发现了桃源,一直在"起"势之中,但起与落原从比较而来,起势之中仍然高低相间,错落不平。渔人先看见农田和农作物,听见鸡鸣狗吠。然后高上去,看见小孩子。再高上去,看见许多成人。这些人见了渔人反倒吓了一跳。文势稍稍下降。大家接渔人回家吃饭,态度十分友好,并且说了"知心话"。山中人说他们的祖先是"避秦"来此。文势上升。他们根本不知道秦朝已经亡了。渔人告诉他们,秦后面是汉朝,汉朝也亡了。汉之后有魏,而现在,是晋。山中人听见了这些沧桑变迁,同声感叹。这些都足以使读者产生很强的反应。

这最重要的一段文字写完之后,渔人辞别,是"落"。山中人请他保守秘密,是落中之"起"。他找到自己的船,是"小起"之后的又一次"落",但他一路上做记号,显然有所图谋,是小落之后的又一次"起"。下面渔人去见太守报告发现,太守派人寻访桃源,步步上扬,是一次"大起",但是渔人怎么也找不到留下的记号,无法再入桃源,是一次"大落"。

文章尚有尾声。南阳有个刘子骥,是一位高尚之士,他听说山中有个世外桃源，十分向往，决定前往寻访，这又是"起"。但是他没有找到（或者没来得及去找）就病故了，以后再没有人打听桃源在哪里。像舞台上的大幕缓缓降下来，文章结束了。

《桃花源记》是一篇短文，居然有这么多起伏，这是大文豪才办得到的事情，我们作文，如能有一起一落（或者最后再加一起），就是得到诀窍了。同时我们要明白，文章写到《桃花源记》这般水准，你读了有你的感受，我读了有我的反应，彼此并不一致，因之，你认为是"起"的地方我可能认为是"落"，彼此找到的起伏线并不相同。

例如，前面说山中人轮流款待渔夫是"落"，也许不然。山中人看见渔人闯进来，他们安静了几百年的社会突然产生了危机，这个渔人可能把外人引进来，破坏了他们的幸福，他们虽然和和气气地陪渔人吃饭谈天，内心其实是很焦虑的。他们最后叮嘱渔人"不足为外人道也"，就露出"里一层"来，杀鸡为黍都是对渔人"行贿"！那实在是"起"，不是"落"。

再看文章结尾，刘子骥有志未成，病死了，以后再没有人打听桃花源在哪里了，我说是"落"，你也许认为是

"起"。世界上"高尚之士"如此之少，人人只能在浊世中打滚，不知道超脱，偶尔有个高尚之士，又赍志以殁，这是多深多大的感慨，这当然可以说是"起"。

由于感应因人而异，起落没有标准，很多人反对分析文章中的起落，认为毫无意义。诚然，起落云云是不科学的，没有共同的标准，但是它又何必有共同的标准呢？总之：

它有起有落；

你认为起落在何处就在何处；

你写文章时也注意起落。

《桃花源记》的"详略"，前面大致谈过，现在且说"表里"。这篇文章是通过渔人的经历来叙写的，渔人眼中的桃源是一个表层，叙写到山中人叮嘱渔人保守秘密的时候露出少许里层来。山中人的想法似乎是：虽然已经改朝换代，还是不受外面的官府管辖治理比较好，他们大概是对政治彻底失望了。他们既不喜欢那社会，又不能改变那社会，只有继续躲起来。渔人在山中停留的那几天，山中人也许秘密地开过好几次会吧，会议的结论大概是，他们不希望再得到什么，但求不失去现在已有的……这些，你可以自由想象。

"不足为外人道也"，山中人也太老实了，自己先把身世和盘托出，再求人家保守秘密，凭什么相信渔人能遵守诺言？难道凭那几天的酒饭？他们深知人心的俗恶甚至诡诈才入山唯恐不深啊。不错，他们并未忘记历史经验，只是反应迟缓了一点，等到醒悟过来，就用极笨的方法补救，干脆把渔人出入的山洞堵死了。他们总要不眠不休汗流浃背干上几天吧，老实人都这样，整天忙着填补聪明人留下的坑洞，以免自己掉下去。这就难怪他们要躲得远远的了……这些，你可以自由推论。

"里层"就是引起读者的想象和推论

有人读了《桃花源记》，认为山中住的不是人，是一群神仙，那迷离恍惚的桃林，正好是仙凡的分界线。渔人跑去报告太守是俗不可耐的举动，他从此坠入尘寰，再也与桃源仙境无缘。他之"迷不得路"，既不是山中人消灭了标志，也不是因为"春来遍是桃花水"，而是随着渔人的一念之转，通往桃源的路自动消失了。这个说法是错误的吗？

直叙　021

也许是吧,要知道,也只有《桃花源记》这等水准的文章才会引发这样的"错误"呢。

读了《桃花源记》,回头再去读那一段记述水灾的文章,文章和文章之间的差别实在很大。

读了那一段记述水灾的文章,再读下面的文字呢:

> 昨天是星期天,天气很好,我们去逛××花园。早上九点,吃过了早饭去等公共汽车,等了一个小时才挤上去。十一点到公园,先在门口排队买票。进园以后,看见杜鹃花开得很茂盛,红的黄的白的都有。杜鹃花圃旁边是玫瑰花圃,也开得很漂亮,很多人在那儿照相。往前走,满地细细碎碎的小花,不知道叫什么名字。再往前走,转一个弯儿,左边是一个池塘,铺满了荷叶,右边是一个花架,花架上头爬满了花,花架底下有石桌石凳,有几个老人坐在里面休息。池塘的尽头有龙舌、龙柏,一棵一棵绿油油的。有个人在公园那一头卖包子,很多人围着他买,我也走过去买了两个吃,滋味不错,再买一个。三个包子吃下去,觉得口渴,就到公园外面去找卖汽水的。

同是直叙,这一篇《游园》又比那篇《避水》差得多。文章原来分成许多等级!
　　你现在是在哪一级?做好拾级而上的准备了吗?

倒 叙

一般而论,记叙文讲求真实,不尚虚构。《开学记》,记本校开学那天的情况;《远足记》,记上个星期天本班郊游的见闻;《我的家》,教师想借作文了解你的生活;《我爱读的书》,教师想借作文了解你的知识。

拿《开学记》来说吧,我们可以先把材料一条一条记下来:

看到的——

听到的——

嗅到的——

吃到的——

碰触到的——

想到的——

我们要借着这些材料,写出"开学"的动、静、今、昔、表、里、常、变。即使不能全写,也要把其中一部分写出来。原则上,我们照时间的顺序写。我们既希望忠于事实,也希望文章可读。若想两者兼备,得事实本身具备构成好文章的条件;也就是说,得有婀娜的身材,才有曲线美好的旗袍。

倘若那事实本身不能支持我们的写作,怎么办呢?把想象放在第一位的文学创作可能索性不管实情实况,只求文章好,怎么精彩动人就怎么写。他照着理想的尺寸裁制一件旗袍,不管眼前的人合不合身。要大家写《我的母亲》。他在一个女孩子的作文簿上读到"我的母亲改嫁过两次,我现在既没有父爱也没有母爱"。教师恻然心动,专诚去访问那位母亲,才知道作文簿里的曲折全是虚构的。母亲发觉女儿瞎编身世,又惊又痛,跑到学校里去更正,在教务处放声大哭起来。

我们只能在"忠于事实"的原则之下动一点小小的手

脚。也许，我们只要把时间顺序更动一下，把先发生的事放在后面，后发生的事移到前面，文章立刻就出现精彩。例如，"如果秀英肯嫁给我，我要结婚了"是一句很平淡的话。倘若倒转过来：

我要结婚了！——如果秀英肯嫁给我。

就有明显的起落。"我要结婚了！"肯定的口吻，突然地宣布，是"起"。下面紧接着假设，原来八字还没一撇呢，是"落"，可是下面无声胜有声，你是觉得这人鲁莽得可笑呢，还是痴情可悯？这又是"起"。

语文引起的反应有时是很"奇怪"的。有一个普遍流传而不明出处的故事说，某君问他的牧师："祈祷的时候可不可以抽烟？"牧师坚决表示不可。某君接着问："抽烟的时候可不可以祷告？"牧师的回答却是："可以！"反正是一面祷告一面抽烟，何以得到不同的判决？我们可以体会，"祈祷的时候可不可以抽烟？"祈祷在先，抽烟在后，牧师认为开始祈祷时既未抽烟，怎可中途羼入？那不是太不虔诚太不专心了吗？"抽烟的时候可不可以祷告？"抽烟在先，祈祷在后，心不在"烟"，这时不专心反而是好现象。

文章，先出现哪个字，后出现哪个字；先告诉读者哪件事，后告诉读者哪件事，颇讲究。我们不妨常做一种练习，把许多语句倒过来说一遍，咀嚼一番：

风霜雨露——雨露风霜

不眠不休——不休不眠

三长两短——两短三长

种瓜得瓜，种豆得豆——种豆得豆，种瓜得瓜

无名英雄——英雄无名

仍然是那几个字，只因调换了位置，就有不同的滋味。我们先看见"前门进虎"，想从后门逃走，纵是"后门进狼"，还可以冲杀出去，狼比虎好对付一些；如果先是"后门进狼"，向前门退却，不幸又"前门进虎"，岂不陷入了绝境？"天崩地裂"，天崩的时候人还可以伏在地上，或是钻进山洞里，然而地又裂开了，没有希望了，其间有过挣扎；"地裂天崩"，地裂开了，人掉下去了，天崩与否已是无关了，似乎就不像"天崩地裂"那么恐怖。诸如此类的例子很多。

李后主说"春花秋月何时了",没说"秋月春花何时了",恐怕不只是声韵上的理由吧。由秋月而春花,是由寂凉而热闹,由春花而秋月,是由绚烂而苍白。李后主先为人君,后为臣虏,当然是"春花秋月"才切合。东坡说"江上之清风,山间之明月",不说"山间之明月,江上之清风",他说这句话的时候是游江,是在船上,由江风到山月,视界提高扩大,是"正三角形";由山月到江风,视界缩小,是"倒三角形"。

这是一件极其复杂的事情,简直可以说,人的心灵有多复杂,这事就多复杂。我们现在不能深究,且先万中取一,锻炼一种功夫,必要时改变记叙的时间顺序,以补救直叙的"平铺"之弊。这就是:

后面发生的事移到前面来写,
前面发生的事移到后面再写。

第一个可能:把整件事倒过来写。

传述民间故事的人常常使用这个方法。我听说有个县太爷升堂问案,案情是妻子告丈夫,因为丈夫打伤了太太。

为什么要打太太？因为"她毁坏了我的全部家产"。说来可笑，所谓"全部家产"，只是一枚鸡蛋。妻子为什么要摔破那个鸡蛋呢？因为丈夫要娶小老婆，丈夫对她说一枚鸡蛋可以发家，蛋生鸡、鸡生蛋、蛋再生鸡，累积财富买猪，卖猪买牛，卖牛买田造屋，那时成了富翁，不能只有一个太太。此事的时间顺序是：

1. 丈夫提出"一枚鸡蛋兴家计划"。
2. 丈夫说发财后要娶妾。
3. 妻子怒摔鸡蛋。
4. 丈夫打伤妻子。
5. 妻子告状。
6. 县官问案。

说故事的人完全把顺序倒转过来。我不知道县官怎样判定本案的曲直，想必他在判决之前要笑起来吧。

另一个故事是，大家在村庄外头看"野台子"戏，看着看着，忽然李大娘推了张大嫂一把："你怎么抱着南瓜来看戏啊？"那完全生活在剧情中的张大嫂这才回到现实，大叫一声："我的孩子呢？"她本来是抱着孩子赶到戏台前面的啊。继而一想，跑过南瓜地的时候曾被瓜秧绊倒摔了一跤，孩子一定还在瓜田里，于是戏也不看了，瓜也不要了，跑到瓜田里找孩子。东找西找，找不到孩子，找到一个枕头。是了，她正在搂着孩子睡在床上，听见外面锣鼓响，抱起孩子就往外跑，她好久没有机会看戏了！太兴奋了！快中有错，八成抱起来的是枕头，不是孩子。赶紧跑回家去，推门一看，孩子在床上睡得正甜呢。这个故事也是完全倒过来说的，倒着说才这么有趣。

报纸上天天有这样"倒过来写"的记叙文。新闻，十之八九用这种写法，新闻记者的专业训练里面有一项就是这种写作技巧。他们倒不是为了有趣。

报纸的版面是像拼七巧板一样用许多新闻拼起来的。拼版的时候，可能发现某一条新闻长了些，占的空间大了些，得把它删短，拼出来的版面才匀称好看。所以，新闻稿多半把事实最重要的部分写在前面，不甚重要的写在后面，越往后越不重要。这样要删短就很方便，把最后的一段两段拿掉了，新闻仍然很完整。

新闻，要"新"，时间最近的那一部分往往是最重要的。两个明星今天结婚,"结婚"最重要,他们上个月订婚就比较次要。两个明星今天订婚,"订婚"最重要,他们去年开始恋爱就比较次要。重要的写在前面,次要的写在后面,不正好把时间顺序倒过来吗?

还有,并不是事实发生了就成为新闻,得发展到一定的程度才"构成"新闻。以《桃花源记》为例吧(姑且假设那是真人真事),渔人出外捕鱼,怎能算是新闻?他发现了一个仿佛有光的山洞,怎能算是新闻?连他在山中住了几天都不能算是新闻,直到他见了太守,报告发现,直到太守派人调查,这才构成新闻。

那么写新闻当然由构成新闻的时候写起,再一层一层补充。

那么时间的顺序就倒过来,后发生的事在前,先发生的事反而在后。

我们可以想象,当太守决定派人前往调查世外桃源时,新闻记者立刻发出如下的新闻:

> 本郡境内群山之中可能有一群与世隔绝的居民。本郡太守指派了一个三人小组负责进行调查。

太守是根据一个渔夫的报告作此决定。

这个渔夫曾在那"化外之地"居住了七天,那里的居民待他很好。那些人的祖先是在秦代天下大乱的时候搬入山中居住的,几百年来和外界没任何联系。他们根本不知道秦朝已经亡了,更不知道现在的国号是晋。

这个可称为"世外桃源"的地方有肥沃的土地,淳朴的人民,宁静的生活。那里的人并不愿意再回到我们这个大社会里来。

这个"世外桃源"是怎么发现的呢?渔人说,他看见一个山洞里仿佛有光,就走进去……

《桃花源记》是不需要倒写的,这只是一个例子,一个极端的例子,说明"把整个事件倒过来写"大概是怎么样的写法。

第二个可能:把事件的一部分倒过来写。

这种写法最常见。且举一首诗为例,诗短,举例方便。我们谈的是散文,你可以在意念上把它"译"成散文,这首诗是宋代诗人曾几写的:

梅子黄时日日晴,

小溪泛尽却山行。

绿阴不减来时路,

添得黄鹂四五声。

　　四月,雨后,艳阳高照之下散步、泛舟,回来的路上听见黄鹂叫。黄鹂的叫声是很清脆动听的,叫得夏天很充实,很有朝气。这里有一个问题:黄鹂为什么最后才叫?为什么去时不叫来时叫?是黄鹂的叫声一直有,诗人留到最后才写吗?我想是的。前面已经有雨有晴,有溪有山,还有泛舟有步行,已经很丰富了,若再加上黄鹂就太拥挤了,后面又太空虚了,所以,诗人把它移到后面去了。

　　这个方法可能把平直的事件处理得有些曲折。参观博物馆那天,你早晨出门,中午回家,看到不少古物,似乎平直。如果你早晨唯恐迟到,匆匆赶车,博物馆里琳琅满目,看完了才忽然想起来早晨没来得及吃早饭,难怪中午肚子这么饿。这就有曲折有起落了,"早餐"这件极平常的事情,忽然发生了很大的作用,完全因为你把它移到中午。

　　同样的"形式"可以写出不同的文章。也许你不是游博物馆，是看下午六点开演的电影，到了散场时才想起还没有吃晚饭——本该吃过晚饭再入场的。这部片子的吸引力真大，使你把晚饭忘记了。

"早饭"可以换成别的东西。你利用暑假找了个临时工作，在工艺品公司当店员，店里有个小女孩专管打扫清洁，每天擦擦洗洗没个空闲。她一时失手打破了一个花瓶，老板告诉她："你得赔，用你的工资，这个星期你没有钱可拿了。"小女孩哭起来，她说不把工资拿回家一定要受爸爸的责罚。你心里不忍，替她赔出来。事后自己觉得好笑——以上都是直叙——你是为了赚学费才打工的，钱还没有赚到，先贴了老本。你的经济状况也不好，父亲也常为了钱发脾气。这些事本来发生在打工之前，现在移到打工之后才写。你用了那个"忘记早餐"的模式，你拿"自己的学费"和"早餐"代换。每一种形式都可以推广使用而且加上变化。你这篇文章的结尾可以加上感想：帮助别人没有错，自足也是应该，人生的快乐也许就是两者兼顾吧。

假想另一个题材：叔叔家里本来没有狗，星期天去看婶婶，居然添了一只漂亮的狮子狗，家中顿时热闹了许多。你在记述了这只狗的可爱之后——以上都是直叙——忽然想起一个问题：这只狗是从哪里来的呢？它有个奇异的来历，这就是把先发生的事移到后面来写了。

同样的形式：我家院子里有两棵树，晴天有鸟叫，雨天有淅沥声，夏天有浓荫。可是这两棵树当初是谁栽的呢？……

继续推广：学校里有个老校工，胡子都花白了，天天还是摇铃打钟，烧水送茶，他对每个学生都很好，学生都管他叫伯伯。他独身一人，没有家室，在这个学校里服务也有二十年了，那么他以前是做什么的呢？他年轻的时候是怎么样的一个人呢？……

按照一般通行的说法，这颠倒时序的写法叫"倒叙"，倒叙是使文势变化的基本方法。

但是请注意：倒叙毕竟是不自然的，如果读者觉得它违反自然，就不容易接受。所以：

"倒叙"经常伪装成好像也是直叙的样子。

侦探小说是倒叙吗？也许是吧，一件罪案要先有犯罪的人，犯罪的动机，犯罪的方法，实施的步骤，而侦探小说一开始就写犯罪的结果。

从罪案的发生看,侦探小说是倒叙;就侦办的经过看,警察的确是先看见了尸体,再去查死者的姓名,清查死者的人事关系,假设涉嫌的人,一步一步水落石出,最后将凶嫌逮捕。时间的顺序就是如此。这岂不又像直叙?

写侦探小说,作者的布局的确想倒过来写,但他不能以凶手的眼睛建立视点,要以警察或侦探的眼睛建立视点,正是为避免"赤裸"倒叙。

几乎每一个谈论"倒叙"的人都举过下面这个例子,各家的"版本"略有不同,我也略有斟酌。故事的大意说,某君从异地还乡,见家中的长工赶着马车在车站迎接,颇感诧异,他以为弟弟会开着汽车来的。

他和长工之间有如下一段对话:

"家里的汽车呢?"

"昨天撞坏了。"

"怎么撞的?"

"二少爷开快车。"

"哦!我弟弟怎么样?"

"在医院里急救。"

"咳！他开车为什么不顾安全呢！"

"因为他要送老爷去医院。"

"我爸爸怎么啦？"

"他老人家突然得了心脏病。"

"本来好好的，怎么突然病了呢？"

"因为家里失火，房子都烧掉了。"

写这个故事的人似乎有意把整个事件倒过来说，但是读来十分自然，他不但使我们"听见"家破人亡的惨变，也使我们"看见"一个拘谨的、迟钝的、口才笨拙的老仆，他透过人物性格使倒叙显得合理，也就是说使读者"误以为"仍是直叙。

有人在外面应酬了一天，回家后发觉遗失了打火机。那打火机是个纪念品，他不能淡然置之，就坐在家里，抽着烟回想可能失落在什么地方。他把当天所到的地方、周旋的情景一一在脑子里检查一遍。他倒用不着按照时间先后排列相反的次序。他可以先想印象最深刻的，先滤掉没有可能的。

早晨到某旅馆看某人，在那里并未抽烟，不可能遗失打火机。

下午四点陪朋友喝咖啡，大家称赞他的打火机，有人开玩笑说要"没收"，他也用开玩笑的态度抓起打火机，装进口袋里起身就走。这一幕印象最深刻。

剩下的，一个是中午的餐会座谈，一个是晚上的喜酒，这两个地方最可疑。喜筵上一直有人点烟敬酒，自己的打火机有没有拿出来过？……

这也是倒叙吧？然而它是顺着"他"的思维写的。

如此这般，我们有两个问题：一、从什么地方倒叙；二、怎样"伪装"成直叙的样子。

民间传说有很多女子比男人强，而且她们大半是丫鬟或姨太太。据说有一次，蒙面大盗侵入一个富人的家庭，把全家人都捆起来再大肆劫掠，有一间上了锁的屋子无法进入。盗匪断定屋子里有值钱的东西，威吓富翁交出钥匙，富翁的太太吓慌了，说出钥匙在姨太太身上。姨太太知道不能抵赖，就坦然说："你们放开我，我打开锁，带你们进去拿东西。"强盗认为一个女流不足为患，就给她松了绑。她果然开了锁，举着烛台，跟在强盗后面指指点点，使强盗找到金银（此处故意遗漏一件事）。强盗走后，富翁急忙报案，官厅查问强盗的模样，都说强盗蒙着脸，看不出来，独有那位姨太太说，她替强盗秉烛照明的时候，故意把烛泪滴在强盗的衣服上，希望官厅赶快搜寻，但看衣服后背有蜡泪的，便是疑犯（前面遗漏的事在此处写出来）。官厅凭此线索，果然破案。

在这个故事里，把姨太太留下破案的线索改为倒叙，增加叙述的曲折起落，这是把"关键"移后，让读者有所期待，有期待而后有满足。倒叙的"伪装"也很成功，姨太太的布置在当时是一大秘密，旁人看不出来，强盗感觉不出来，只有姨太太自己知道，但是她恨不得连自己也瞒着，所以读者对此一隐秘的气氛不加抗议，以为自己也"应该"和在场的人同样懵然。如此始能破案，而读者赞成破案。

使用局部倒叙的人不要忘记了，"倒叙"的部分叙完以后，多半要回到主流，继续直叙下去。这样，直叙的"大形式"并吞了倒叙的"小形式"，倒叙始完全自然。姨太太设计破案的线索，是倒叙，官厅凭线索破案，是归于直叙。同理：

那个遗失打火机的人，在左思右想、东找西寻之后找到了打火机，并慎重地收藏起来。

那个坐在马车上惊闻家变的归客，只嫌马车太慢，恨不得一步走完。

那白发苍苍的老校工，平生最爱儿童少年，所以选择了现在的职业。

在我家院子里栽树的人早已不知哪里去了，诚所谓"前人种树，后人乘凉"。

婶婶一直希望有只狗陪她，如此这般得到了狮子狗，不寂寞了。

进电影院或博物馆之前不早已饿了吗？现在电影散场赶快吃饭吧。

倒叙是直叙的变化、调剂，整体倒叙的散文很少；局部倒叙的散文，其倒叙的部分多半不会很长。而且，倒叙完毕回到直叙以后，文章也快要结束了。这就是说，倒叙的部分多半在文章的后半段，甚至有人定出比例，认为约占三分之一的篇幅。

特殊的例子总是有的，试看：

> 越王勾践破吴归，

战士还家尽锦衣。

宫女如花满春殿,

只今唯有鹧鸪飞。

　　李白的这首诗,倒叙的部分竟占了四分之三。这样写成的散文也有时可以见到。

　　最后的问题是,纵然使用倒叙,那材料仍然不能写成一篇可读的文章,怎么办?如果这是课堂上作文,你只得硬着头皮写,如果是自由写作,那就放弃这个材料算了。并不是每一经验,每一见闻,每一思虑都是文章,我们放弃的材料比使用的材料不知要多几十倍。不过放弃并非"丢弃",你可以保存着,说不定什么时候忽然有了用处。

　　以上的说法尽量约束了写作时的想象力。一开始我就说,我们是讨论忠于事实的记叙文,只希望事实在读者眼中生动一些。

　　在想象的天地里应该没有乏味的事情,你可以"加油添酱",甚至可以"妙造自然"。老夫老妻无言对坐,结婚五十年把可说的话都说完了,多乏味啊,文章怎么做得成呢?但若可以任意想象,就有一个蚂蚁在老太太脸上爬,跌进皱纹里头爬不出来，老太太挺富态，纹沟一挤，几乎可以把蚂蚁活埋了！老先生望着妻子的脸微笑，像五十年前的笑法，而老太太也忽然腼腆起来。

有一年，我穿过台北市新公园，一个十三四岁的小朋友向我兜售奖券。那时正是上午。我问他怎么不上学，他说祖父躺在台大医院的三等病房里缺钱。台大医院近在咫尺，我教他带着我去看他的祖父。进了迷宫似的台大医院，那小朋友忽然不见了，一条条走廊上只有灰沉的光线和使人联想到尸体防腐的药水气味。我想那孩子撒了谎，又在无以自圆的情势下逃走了。这件事我一直不能忘记，也始终不能写出来，材料本身有缺陷，倒叙也难以补救。若是摆脱限制，自由想象，那孩子把我领到病房，朝着病床上的老太太或老先生虚指一下再躲开，而我不知是诈，上前和老太太攀谈起来，岂不就可以得心应手写下去？

在想象受限制或想象力不够的时候，写散文的人宜乎用"观察"来补救。

身在局外，用视觉、听觉、味觉、嗅觉、触觉去发现可写的材料，都算"观察"。若非观察，怎知有老翁老妇默然对坐。若非观察，怎知老翁微笑。不但写老翁微笑，而且写老翁为老妇脸上的蚂蚁而微笑,而且写老妇因老翁之笑而腼腆,是靠进一步的观察,连续观察。

连续观察下去,或者可以发现,两人虽然无话可说,却并不走开。老妇坐在那儿打毛衣,老翁坐在那儿玩扑克牌,这两种"活动"真是风马牛不相及,并无坐在一张桌子上的必要,然而他们谁也不肯走开。这就又"观察"出一些"意思"来。五十年来,两个人的"领域"已合而为一,他们互相依存。如果有材料,此处可以开始"倒叙"了。

或者,你看见另外的景象。那打毛衣的老妇,忽然起身离座,她要走开吗?不是,她拿着快要完成的毛衣到老翁身上比试,她是替丈夫打毛衣!过了一会儿,老翁把扑克牌收拢、叠好,起身离座,他是要走开吗?不是,他活动一下筋骨,又坐下了。他还对老妇说:"你的运气很好,我算出来了。"原来他是替太太卜卦玩儿呢!两人在形迹上很淡,在情意上却是很浓。这不是更有意思吗?也许这些年,老翁老妇常常无言对坐,一个为一个卜卦,一个为一个打毛衣,或是其他诸如此类的事情,表现出良好的默契。如果有材料,这也是倒叙的时候了。

我们怎能知道他们以前的生活呢,又不能观察他们一辈子。或者你得跟他们谈谈,你得"访问"。访问是观察的一部分。

> 发现了"有意思"的现象,好比找到"矿苗";进行访问,就是"开矿"。

如果老师说,明天远足,后天作文写《远足记》,那么你在车上不能只打瞌睡,你得跟车掌谈谈,你在中午不能只吃包子,你得跟小贩谈谈。你进了庙不能只求签,你得跟庙公谈谈。

这样,材料就多了。把材料一条一条列在纸上,从其中选出若干条来写你的《远足记》,想想用哪一条开始,哪一条结束,哪一条倒叙,或者根本不必倒叙。

人多半喜欢谈他自己,所以访问多半会有收获。倘若碰了钉子呢?你不是想把文章写好吗?那就不要灰心。

抒情的技巧

抒 情

抒情文写的是情

其实不独抒情文，记叙文议论文也离不了"情"。如果不是某件事引起了我们的喜悦、警惕、悲悯或钦仰之情，我们干吗要记它叙它呢？如果无爱无憎，心如止水，我们又何必对别人的主张议之论之抑之扬之呢？无情固然不能抒情，无情恐怕也不宜记叙议论。

不过，记叙文毕竟以所记所叙的事物为主，议论文以所议所论的理为主，两者都比较客观。如果说文学作品都是主观的，那么记叙议论是"主观中的客观"。

抒情文以情为主，它可以由事由理引起，但文章里的情"淹没"了那事那理。借景生情，情溢乎景，因事生情，情溢乎事，临地生情，情溢乎地，睹物生情，情溢乎物。它的表现是主观的。

极端的例子要向诗中寻找。有一个诗人到情人的墓前凭吊，适逢天降大雨。他回来写诗，责怪上天为何把暴雨降在他爱人的墓上？读诗的人质问：雨到底应该降在哪儿？别人的墓也在淋雨，为什么她的墓应该例外？如果雨神也画个租界，那么本来应该落进租界里的雨势将"转嫁"到别人坟上，这样公道吗？——不错，你有理，诗人理屈，但是情长，他本来就是在抒情！

我们中国把人的感情区分为"喜怒哀惧爱恶欲"七大类。"喜"大概就是家有喜事的那个"喜"，大概也包括了"乐此不疲"的那个"乐"。"哀"是现在所说的"悲"，"恶"是爱的反面，而"欲"大概是现在所说的欲望。前面所引那个男子的遗言，"恶"和"欲"的成分多，"爱"和"哀"的成分少。

情与人事结合，又生出许多名目，如亲情、友情、世情、爱情、思古之幽情、出世之逸情、慷慨之豪情。情的况味是复杂而细微的，你要睡着了，有人怕你受凉，拿件大衣替你盖上，此中情味如何，要看那人是谁。那人是父亲,是母亲,是老板,是朋友,是同性朋友还是异性朋友,你的感受绝不相同。

人是有感情的动物,由一片黄叶飘落到一个亲人死亡,都使你"有动于中,必摇其精"。苦行僧夜宿树下,每三天换一棵树,唯恐对哪一棵树恋恋不舍。就这样,人的感情连感情,感情生感情,联结成一张网,把你围住困住。也许结了茧,一生冲不出去。

有些事物引起的情感特别强烈,例如母亲留下的老花眼镜,震撼力很大,尤其是家用拮据的母亲,一副眼镜用了多少年,不唯式样老旧,镜片也起了毛雾,而且可以想象,这眼镜的光度也跟不上眼睛的光度了吧。然而这副眼镜的所有者,白发苍苍的老太太,就是透过这混浊的光线,眯着眼睛穿珠子,把丝线穿进塑胶珠的小孔里,一串一串地穿了十几年。我们并不是她的儿女,我们甚至根本不知道她做过什么,只要看见那副饱经忧患的眼镜,就禁不住内心感情之汹涌了吧。

从前,食指浩繁的家庭往往给最小的儿子另找父母,这疏散出去的子女,照例要和原来的家庭断绝联系。于是发生这样的事:做哥哥的(也是个小孩子)常常跑去探望弟弟，带一块糖给他，或是送他一只蝉。弟弟的新父母受不了聒噪的蝉声，觉得两个孩子的交往对家庭构成威胁，就狠狠地隔断他们。有时候，小哥哥忍不住，不免拿着一只蟋蟀或是一只麻雀，在弟弟的新家附近流连徘徊，探头探脑。如果我们知道这是怎么一回事，看他那模样，怕不只要恻然心动吧。

一个写作的人，一旦受到深深的感动，他怎样做？我想，总不会记下他发现了一副旧眼镜就满足了吧，尤其是当他置身局内的时候。有一个少年，他写了这么一篇文章：

> 我的爸爸本来是个卖包子的，他在公园路有个铺子，是那种叫作违章建筑的木板屋。生意真好，他整天剁馅儿。
>
> 制馅儿的人是包子铺里的灵魂，我家的包子能够驰名四方，全靠馅好。爸用两只手拿两把菜刀剁馅，动作极快，供应不断，从不让买包子的久等。剁馅用的砧板是用很厚很结实的木材做成的，两三年后就变薄了，而且像砚台一样留下了凹痕。它不能再用，爸得去买一块新的砧板来。

人家都说爸做的包子天下第一,理由如下:包子是中国食物,最好的包子应该出在中国,而中国的包子又以我们家做的最好。不骗你,我每天上学放学从包子铺门外走过,常见有人坐着汽车从老远的地方来买包子。

现在爸不卖包子了,公园路那一排木板屋也早拆掉。当年那几块不堪再用的砧板还在,爸把它带回家挂在书房里——他现在有书房了——当作纪念。

他常常指着砧板告诉我们为人不要好逸恶劳。

他写的是一篇记叙文。后来,身为人子的他,在父亲荫庇下受大学教育的他,对这一篇"旧作"越看越不满意,于是有一次大规模的改写。改写后的"新作"又是什么样子呢?

每逢看见有人弹钢琴,我就想起父亲。

每逢看见有人使用英文打字机,我就想起父亲。

每逢从收音机里听到平剧的鼓声,我就想起父亲。

父亲不打鼓,不打字,也从来不弹钢琴,但他的双手比打鼓、打字、弹钢琴的人忙碌十倍,也巧妙十倍。

当我上小学的时候,每天背着书包从父亲开设的包子铺门前经过,总看见他在剁馅儿。他两手并用,双刀轮番而下,打鼓似的、弹琴似的敲响了砧板。当我去上学的时候,包子铺里的成品堆得像小丘那么高,他仍然不停地剁馅儿,好像他的工作才开始。放学回来,成堆的包子不见了,卖完了,他仍然在那儿剁馅儿,好像永远没个完。

那条路上有许多小吃店,许多行人,还有来往的汽车,声音十分嘈杂。可是而今在我的回忆之中,只有一种声音,一种擂鼓的声音,轻一阵重一阵,密一阵疏一阵,从路的这一头响到那一头,整条街上的木板屋都发出共鸣。

这是父亲的战鼓,我踏着他的鼓声去上学,踏着他的鼓声回家,我是在他的战斗里长大的。

那是多么严肃沉实的声音啊!听那节奏,就知道他的手法多么纯熟,知道这个枯燥的工作消耗了他多少岁月和热情!包子铺的生意极好,很多人从远处开着汽车来买,称赞这一家的包子"天下第一"。父亲什么表示也没有,只是擂他的战鼓。

然而父亲对他的战斗是颇为自豪的,他每隔两三年要换一块新的砧板,旧砧板在无尽无休的切剁和刮洗之下变薄了,中间凹下去了。父亲把这些不堪再用的砧板当作纪念好好地收藏起来。

　　现在,父亲不卖包子了,他把那几块纪念品挂在他的书房里。客人来了,不明就里,还摩挲欣赏,问是哪派艺术家的构制呢!只有我知道,那是一位生活的巨匠在完成了四个孩子的教育之后偶然遣兴的几件小品,留作我们的传家之宝。啊,父亲!父亲!

这该算是抒情文了。拿这一篇跟上一篇比,很明显地增加了咏叹语调。

　　咏叹的调子是抒情的。

　　跟上一篇比,这一篇在叙事之中,处处写出作者自身的感受。这一篇字数比上一篇多,叙事却比上一篇简化,许多地方以作者内心的感受为主题,外在的"事"是个引子。

抒情文是以作者的内心感受为主题的

　　就像跷跷板,前一篇文章是"事"的一端较重,"情"

的一端较轻，这一篇，"情"比"事"要重，跷跷板平衡了，可是"情"的那一端马上又沉沉下坠了。

抒情文多半是"情"比"事"要重，"情溢乎事"的。

在"以情为主"的原则之下，我们无可避免地要接受两点：

就作者而言，叙事不宜详细，甚至有时不必清晰。

就抒情文里，"事"只是豆之棚，瓜之架，要预留适当的空隙，情感才有发抒之地。这和音乐剧相同，音乐剧的情节多半简单松散，以便安置音乐。

我家小儿子读初中的时候，某某中学旁边原有一座池塘，赶早到校的学生，可以驻足欣赏好几种水鸟。池塘边有几棵大树，树也是鸟的家。

可是学生越来越多。校方决定扩建校舍，就把池塘填平，改为球场。几棵大树当然也杀掉了。

爱好体育的同学，有了新运动场，不免"雀跃"三尺，可是那些真正的雀儿鸟儿却凄凉了。每天早晨，它们还在操场上空盘旋呢。还站在操场边上观察呢。还在附近的草地上一面寻找一面叽叽喳喳地谈论呢。

这些鸟儿，它们昨晚在何处安身呢？它们是否也有一种哲学足以解释这沧桑巨变呢？它们是否也有一种神话预言浓荫绿波将恢复旧观呢？

如果你写抒情文，伐树填塘都只能寥寥几笔，而且要避免旁生枝节。如果也要写包工的人怎样偷工减料，当地保护环境的人怎样呼号反对，可能写得很热闹，但是怎样抒情呢？抒情是需要一些寂寞冷清的。

如果一件事情根本就是复杂的，例如三角恋爱，在抒情文中多半不作详细交代，予人以含糊暧昧的感觉。难言者，事也；可得而言者，情也。一篇抒情文这才能够顺利产生。

再说读者。

身为读者应明白，抒情文是不能"考据"的

他说"我的血管连着她的血管"，你干吗要解剖呢？他说"我饮下满杯的相思"，你干吗要化验呢？他说他将在银河覆舟而死，你又何必搬出天文知识呢？他说他坐在那里坐成禅，坐成小令，坐成火山，你又何必摇着头说不可能呢？

他说的血管、银河、火山，都是一种情，都和生理、天文、

地质毫无关系。

抒情文里的记事其实并不是记事。"从你的瞳子走出来、流浪终生",岂是记事?"莫道繁华无凭,山鸟记得百花开过。"岂是记事?并非记事,全是抒情。

最有名的例子也许是苏东坡的《前赤壁赋》。拿它当作记叙文看,它可以说是失败了,东坡居士弄错了地方,他所游的根本不是三国鏖兵的战场;拿它当抒情文看却是伟大的作品,那思古之幽情,旷世之豪情,潇洒之逸情,十分迷人。评论家以情取文,那地理上的错误竟未贬损此文的价值。

最无名的例子也许是,一个爱好写作的人乍见那副老花眼镜,内心震动,情感汹涌,发为文章。可是等到他第二次看到那副眼镜的时候,才看清楚它并没有什么特色,显不出戴这眼镜的人呕尽心血,上次的印象竟是一瞥之间的错觉。那么,是不是他已经写成的那篇文章应该作废呢?不然!那文章所表现的"哀哀父母、生我劬劳"的人子之痛是真诚的,是在世上没有眼镜之前就存在的,是可以脱离那副眼镜而独立。

散文是年轻人的文体。

抒情文是年轻人最易表现特色的一种文章。

散文在形式上最自然,最自由,可以随意挥洒,不拘一格。它恰恰配合青少年身心的成长。

记叙文,议论文,都要建立在可靠的根据上,这根据无论如何是外在的,是比较客观的,是有赖下一番工夫的。相较之下,抒情文的真性至情,是自内蕴蓄、天然流露的,是人同此心、尽其在我的,是天分多于功力的。

无论如何,写"哀哀父母、生我劬劳"的心情,比记述"贤妻良母的一生"要容易,比写"怎样振兴孝道"要容易——找材料比较容易。

也比较容易有特色。这里那里,常有年轻的朋友在抱怨:"刊物的篇幅都被名作家、老作家占据,我们要发表一篇作品是多么困难啊!有谁会注意我们呢?"有一位十九岁的朋友对我说:"有些编者是只看作者姓名而不看文稿内容的,而读者又是先看作者姓名后看(或不看)作品的。"

看起来,老作家、名作家有长久的写作历史,广泛的公共关系,熟练的表现技巧,向文艺的世界举步进军的大孩子似乎不是他们的对手。每天,一个编者坐在写字台旁,审阅一份又一份来稿,这时,他的写字台上在展开一场无声的战争:作者和作者间的战争,装备精良训练有素的老作家似乎颇占优势。

不,情势并不悲观。年轻人也有他的优势,他的优势来自他的抒情本色。他能把抒情文写得极好,为许多老作家所不及。

他有新鲜的角度。

他有丰富的感应。

他有率性的真诚。

这些,老作家当然也有过,而且可能至今未曾失去,世人称赞这样的作家"不失赤子之心"。但就一般的趋势而论,"树大自直,人老自智",这个"智"是智慧,也是理智。他经历过太多的事情。他分类归纳了它们。他觉得日光之下无新事而有常理。他写杂感发议论自有独到,可是抒情,他多半得退出一舍二舍,让出由年轻人表演的空间。

年轻人不但有喜,有悲,有爱,有憎,而且能在文章里喜其所喜，悲其所悲，爱其所爱，憎其所憎。他写出来的东西可能不老练，但是可以不敷衍，不扭曲，不矫情。他能写出唯有年轻人才写得出来的散文，突破老作家的掩盖。

为什么文人多半"穷而后工"呢？因为文人既"穷"，就会对自己忠实，对文学忠实，他对别人无须敷衍了，也不必矫情了，能像年轻时代一样全神贯注，心口如一。

年轻人天然属于文学，尤其是抒情的文学。

在抒情的文学面前，年轻人的疏于观察，不谙世故，都可能由负数变成正数。

你也许还不知道，今天的编者在打开满筐的来稿时，先找年轻的字迹和陌生的名字，他需要未知数。

今天有许多读者，在书摊上打开新出版的杂志，先从目录上寻找陌生的名字，总要有个陌生的名字，他才肯买这本杂志。未知数可能大于已知数。

当年我教人写作，有位同学说他实在不知道写什么才好。我问他："你有没有哭过呢？"回答是当然有。我说："写你那次哭的滋味，写你哭时心里的想法。"

"何必写出来给人看呢？多难为情呢？"

"你的作业可以免交，"我说，"把自己的感情当作羞耻的人，怎能走进文学的世界呢？"

又有一位同学说："我想来想去，都是些鸡毛蒜皮的小事，不值得一写。"什么才值得写呢？"就像是入水救人啦，拾金不昧啦"。

有人带着女朋友游碧潭，这里那里指挥女朋友摆姿势做表情照相，怪辛苦的。可惜他临出门时太紧张，相机里忘了装底片。这个过失，终于在吊桥上拍照的时候发现。他失声叫了出来。

女朋友伸过手来："让我看看。"一看之下，顿时大怒，扬手朝桥下丢去。男朋友抢救不及，急忙伏在桥栏上察看，却见下面一位船夫正好伸手接住了。

那位船夫仰起脸来，两人遥遥相望。"这是你的相机吧？"船夫问，"还要不要？想要，拿奖金来！"那时，扶轮社定的办法，从碧潭救出一个快要淹死的人，可得五百元的"救溺奖金"。

这件事看来很热闹，值得写，其实，即使桥下没人接住相机，仍然可写。

即使女朋友没抛相机，仍然可写。

即使相机里没有忘记底片,仍然可写。

拾金不昧固可记事,无金可拾,空荡荡的街心灯影,寂寞一片,岂不更宜抒情?入水救人是文章,临渊羡鱼也是文章。

临渊羡鱼比入水救人要平凡得多,那么正好是抒情的题材。

人有七情,在小说戏剧中七情俱到,散文似乎有所选择。以我的印象,时下散文写"哀"(悲),触目皆是,几乎是抒情的主调。"爱"常和"悲喜"交织或融合,人的情感本是如此。"喜""乐""爱"也常在一篇文章中互相代替,例如"农家乐"里面有"丰收之喜""乡土之爱","读书乐"离不了"爱书成癖""欣然忘食"和偶然以低价购得珍本的庆祝心情。情就是情,这些不必强为划分。

抒情散文很少写"怒",简直避免写"恶"和"欲"。七情中没有"恨"。中国文学的术语中虽有恨字,却不作仇恨解释,七情中没有恨字,"怒而恶"大约就是吧。抒情散文极少有"怒而恶"的作品流传,从一般选集和文集中很难找出例子来。我怀疑抒情散文若是写恨,读来怪可怕的,若是淋漓写怒不可遏,恐怕又未免可笑。作家总要等一等,等那"怒"转化为讽刺,等"怒而恶"升华为悲悯,等"欲"净化为欣赏或旷达再动笔吧。

散文要"抒"的是人的"高尚感情"。

作家为了"精于艺事",必得努力提升自己,这是写作对人的良好影响之一。

记叙文可以增进我们的知识,议论文可以增进我们的见解,抒情文对此二者"应该"无能为力。抒情文"应该"给我们情感教育,使我们由无情而有情,由卑劣之情而优美之情。

情是肺腑真诚,无情也是。卑劣之情是肺腑真诚,优美高尚也是。这种改变是自内而外的改变。

有一个常写散文的人,他的写作历程中有如下一个故事:抗战时期他是流亡学生,由一所国立中学收容。总务主任是个蛮横的人,干过文官也干过军职,把官场的坏习惯带到学校里来,弄得学生每餐都吃不饱。这位总务主任常说:"共赴国难嘛!等到抗战胜利就可以吃饱了。"

某年暑假,我的朋友到另外一所国立中学访友,发现人家的伙食质量高出许多,抗战没胜利照样也可以吃饱。同样是国立学校,同样的经费,同量的主副食,为什么我们要过荒年?经过一番研究,他写了一个改进的办法。

回到学校里,他联合各班的班长签名陈情,要求校方实行他的方案。校方置之不理,他们就一同向校方请愿。十几岁的大孩子嘛,说话有什么起承转合呢,哪里懂委婉含蓄的讽谏之道呢,说着说着,"不像话"的话出了口,校方"刷刷刷"写张布告把他开除了。

人非草木,岂能无情?他在离校之前写了一篇"抒情文"表示他的愤怒。他认为,我们总要长大的吧!将来我们总也会有一点儿横行霸道的能力吧!那时,无论在何时、何地,只要和那总务主任相遇,我们立即给他一顿拳打脚踢!

现在看,这些话如果是小说中的一段,当然没有什么,若是如此抒情独立成篇,实在有点"那个"。不过那时我们并不觉得。

二十年后,我们在朋友的喜筵上凑巧与那位总务主任同席。他已真正衰老,皮骨之间甚少脂肪,眼睛也不大睁得开,手臂和脸颊都使人联想到出土的古玉,惨白而有尸气。他除了和风湿病奋斗以外,生命力所余无几。二十年前的事也都不记得了,倒要向我们问长问短,找寻回忆,那情状不像老人回忆壮年,很像是青年人回忆幼童。

那天晚上,我的朋友没了脾气,频频向老者劝菜敬酒。然后他再写一篇散文。可以说,这一篇是上一篇的延续。他说,他觉得,那天面对的是另外一人,与当年的总务主任并不相干。也许这些年吃得太好了吧,二十年前的饥饿已经不再重要。可怜的总务主任,他即将走完他的一生,他年轻的时候总也有过理想吧,在艰苦抗战的年代,漫长的八年,他总也有过一些贡献吧,现在不是连他自己都不记得了吗?难道他的一生只剩下克扣我们的伙食这一项记录吗?为什么人的记忆力用在猜忌仇恨上特别有效而持久呢?那些事又岂是他一个人耍的把戏呢?

拿这篇文章跟以前的那篇比,这位朋友的情感岂不是升高了吗?

情感是有高下之分的。宋代名臣张咏的诗中有一句"独恨太平无一事",他的朋友萧楚才替他改了一个字,把"独恨太平无一事"改成"独幸太平无一事"。后来有人说,"独恨太平无一事",天下太平何恨之有?莫不是想造反?弄出文字狱来怎么办？为了诗人的安全，当然要改。我想这只是一部分理由吧，"独恨太平无一事"的人也许是想到边疆去立功，也许想到水旱之区去救灾，要天下有事他才有用武之地去发挥自己的贤能。如果这样，他的功业令名要建筑在多少人的痛苦上？要有多少死亡流离的画面给他做布景？这不是太自私了吗？改成"独幸太平无一事"，诗人的情操不是要高一些？

文人作家大概都有一个抒情的时代。其中有些人，年纪大了，理智增长了，往往"悔其少作"——后悔从前写过那些文章。我们不禁想问他：

是后悔流露了自己的感情吗？

是认为某一件事"不配"浪费自己的感情吗？

前者是否定文学的功能，否定自己的作家身份，令人无话可说。后者是对世事改变了见解，几乎是作家的共同经历。其实"行年五十而知四十九年之非，何止作家"！几乎每个人都以为他曾经爱过不值得爱的人，或是崇拜过不该崇拜的英雄，或是对无义之友倾肝吐胆，或是……难道他在五十之年要把以前四十九年里的抒情记录销毁吗？不必，但是有一个条件：他的文章是情溢于事的。

前面对情溢于事已有解释，现在举一个实例：

今夜我独自看星，身旁空位留给了风。我已跟风结拜，跟星星和好。我曾因星星吻你而嫉而恨，而今我知星本无邪，我看满天灿烂如读你的遗爱。

你是风一样的走了，却又风一样在左在右。每颗星都摄了你的影子。你的话仍刻在梧桐树上。你踏过的枯叶至今生花。在小河的旋涡里花瓣仍盘旋不去。只是夜把冷露给了我，日子不再像温泉一样。

我总是在风里等你。在星下等你。在露中等你。一年四季随你的眼波弄潮，相思成树，连虹横空，把密麻根须伸进我的神经。听你指着星空笑牛郎，笑他不敢过河，笑他几千年还不能进化造船。你不是织女，你不知道芭蕉的叶心要卷紧了往外抽，不知道荷叶一旦倾斜，水珠纷纷跌落，就再也不能重圆了。我们现代人的能力究竟比牛郎大了多少？送你远行的那天，我就想到，喷射机不只载人重逢，也便于制造离别。

喷射机像云一样消失，云却是喷射机留下的巨大的影子。云若九万里鹏翼，掠过长空，涂抹大地，使湖泊山岳森林变色,但是它抹不掉夜的黑,抹不干黑中的露。它抹不去你在我的透明的人生中留下的光线不能穿过的盲点。你不是织女,而我竟成牛郎。

描写的技巧

描写

描写,写的是景

"景"不限风景,而是包括风景在内的种种"景象"。一山一水是景,一颦一笑也是;一春一秋是景,一生一死也是。写景的方法用"描"。

从前的大姑娘都会"描花",描花是绣花的预备工作。绣花先有底稿,各式各样的底稿在闺阁之中辗转复制,那时没有影印机,她们的办法是拿薄纸铺在原稿上,以极细的笔画把"花"的轮廓画出来,她们画得很细心,很灵巧,对花鸟虫鱼的线条美很敏感,这就是"描"。

从前爱字的人看见一张好字,看见名家书法,光是这样看看实在不够,爱字的人拿很薄的纸铺在原迹上,用毛笔，用很细的线条，把字的轮廓描下来，描出一个一个空心的字来。爱字的人就有了一个副本，这个副本叫"双钩"，双钩是"描"出来的。其他爱字的人看不见原迹，只看双钩，从双钩中去温习他以前所见到的原迹，想象以后可能见到的原迹。

我们要好好地体会这个"描"字。现在轮到我们"描"出景象，供别人去温习去想象。我们"描"，并不借重线条，而是使用语文。例如李后主：

晚凉天净月华开

漂漂亮亮，简简单单，干干净净，却是让你百看不厌，像双钩描出来的名家的字。

好的描写可以使我们对久已熟悉的事物有新的感受。

好的描写使我们对陌生的事物恍如亲见亲历。

下面一段文字的作者，想对"表"加以描写。他写得好不好呢？请你给他打个分数。

……这是一个扁平的小小的盒子，里面装着精巧的机件，发出嘀嘀的响声。每响两下，算是一秒。它计时的功能隔着一个玻璃罩子显示出来，这一部位叫"表面"，由 1 到 12 环列着十二个数目字，代表十二个小时。表面的中心有一根细轴，是三根细针——秒针、分针、时针——的枢纽，秒针走一圈，分针走一步；分针走一圈，时针走一步。时针走两圈是二十四个小时，代表地球绕日一周的时间，称为一天。

"表"可以挂在胸前，可以装在袋里，也可以戴在手腕上。戴在腕上的表叫手表，女人的手表设计成手镯的模样，实用之外，也是漂亮的装饰。老式的手表，十二个数目字规规矩矩，清清楚楚，现在手表太普及了，每个数字用一根发亮的短棒来代表，戴表的人凭短棒的位置一望就知道几点几分。这样，表面的美术设计有了更大的自由，设计出来的样子千变万化，买表的时候会把你的眼睛看花了。……

这样的作文当然不坏，可是引在这里，我得说它几句坏话。它"说明"的功用大，"描写"的效果小。如前所述，描写使我们对久已熟悉的事物有新的感受。没见过手表的人恐怕很少吧,手表是大家"司空见惯"之物,这个题目不写则已,要写,用灌输常识的态度加以"说明",未免多余。

"说明"之难在说得简洁明确,"描写"之难在描得生动新鲜。历来作家状物写景都对"新鲜"下工夫。有人说,诗人笔下,不过是写些风、花、雪、月罢了;诚然,不过好诗里的花是完全新鲜的花,好诗里的月是完全新鲜的月。"新鲜"的意思并不是说风有紫气,或月呈三角形,而是给我们新的感受。

我们只好再找一段文章来对照参考:

> 代表十二个数字的十二根短棒环绕圆心。秒针急急忙忙地去拨动每一根短棒,使它们产生意义。然后分针慢吞吞地去做同样的事,使那些短棒产生另一种意义。三种针的位置和关系不断变更,在表面上切割出许多角来,夹住那不可捉摸的时间。
>
> 表面的图形变化也许不只代表时间。秒针把一个角越变越大,同时使相邻的角越来越小,终于大的角完全并吞了小的,但是盈虚消长周而复始,秒针绕了一圈从头做起,大角又变小了。最典雅的图形是六点整,时针

分针拉成直线，秒针也和分针重叠了，表面左右两个半圆，均匀调和，实在好看。这种美可以维持一秒钟，对欣赏美的人来说，一秒够了。

也还有别的美。九点十五分的时候，分针时针拉平，秒针正指着十二点，刹那间，十、十一、十二、一、二，五根短棒都特别光亮柔和了，因为一根明烛正插在平台上映出半圆。紧接着，秒针移到横线之下，在中间垂直而立，立成一根柱子，支持着一团伞形的花球。

秒针的针尖极细，细得粘在表面上，每走一步都要费尽力气摆脱吸力。它的贡献实在大，把一个扇面打开再合上，合上再打开，每打开一次换一幅画，令人观之不足。难怪世上有许多人戴着名贵的表，却从来不守时间，他们八成是看呆了。

不管你喜欢不喜欢，这一段跟上一段不同，这是描写。它写自己心中的表，而不仅是众人眼中共见的表。它写出表的一种精神，而不仅是它的物质构造。

它的确是很尽心、很专注地在"描"，但它的底本却是一种非表之表。

这样，我们找到三个可能：

说明眼前的景象；

描写眼前的景象；

描写心中的景象。

我们作文总是避免把说明当作描写使用，而在描写时，又常常使眼前景象和心中景象交织交融。就方法而论，前后两段描写"表"的文章不妨混合重组。对作文有兴趣的人何不拿它当作一个习题，看能做出什么样的结果来？

无论是描花或双钩，都是谨细的、节制的，所需要的技巧是单纯的。两段写表的文字，正是如此谨细地、节制地、单纯地去"描"眼前的或心中的表。也许这样才使读者充分体会用语文去"描"究竟是怎么一回事。实际上，作家写作的时候并不如此小心翼翼，他还有很多方法可用。他们深知若欲使眼前与心中交融，非增加若干自由不可。有些地方我们得立刻向他们学习。

第一，你正在写波浪滔天，忽然放下波浪，去写群山万壑,因为山峰山谷和波峰波谷有些相像。

这就是使用比喻。"发明"比喻的人实在是伟大的天才,替天下后世解决了一个极其困难的问题。用语言文字直接描写事物,最容易办到,可惜多半很难出色,但是,你若用这句似乎平凡的话去比拟类似的另一事物,这句话的内部就好像有什么潜力忽然奔放出来,予人以毛虫化蝶的惊喜。"山外有山,忽起忽伏,连绵不断",也许费尽心思只能写到这个程度,那么,丢下山峰去想海浪,海浪也"忽起忽伏,连绵不断",用海浪去"比"群山,说群山是凝固的海浪,海浪就救了群山。也许有一天,还可以用"忽起忽伏,连绵不断"的群山去救海浪,把海浪描写成"沸腾的群山"。两个牛皮匠,一个诸葛亮。

两件事物不能完全相像,比喻只取其近似的一点。山和海相反之处颇多,但都是"连绵起伏",单就这一点着眼,山可喻海,海也可喻山。诗人曾经用流水比喻许多东西,"车如流水",大概相当于广东话里的"游车河",马路如河床,满街是车,行进的方向相同,有如河水。"相思如流水",大概是说全心全意投入,不能停止,也没有保留。"光阴如流水"，取其一去不返，"落花流水"，取其无动于衷（至于"打得落花流水"则是取其破碎狼藉）。大概流水的用处不止如此，还有很多事物可以被喻，有待我们发现。

世上的事物太多，我们只对其中一小部分比较熟悉，若有人向我们谈及一件完全陌生的东西，多半要从我们熟知的东西里举出一样来打比。"东飞伯劳西飞燕"，伯劳是什么呢？老师说，伯劳也是一种小鸟，形状和燕子相似，学生（国文课堂上的学生，不是生物课堂上的学生）就觉得问题解决了。比喻是以熟悉喻陌生，以已知喻未知。中国从前流行的比喻多半是北方人最熟悉的，如冰清玉洁，雪肤花貌；多半是农民熟悉的，如鸡虫得失，狗偷鼠窃。是不是因为中国以农立国，中国文化的发展又自北而南呢？是不是因为创用这些比喻的人熟悉冰、雪、鸡、狗呢？

前面那一段写"心中之表"的散文，也用了一个比喻，拿打开扇面来比表面上两针之间的夹角逐渐扩大。想想看，还可以增加一些什么样的比喻？记住，要用大家熟悉的事物去比陌生的事物，就像用大家都见过的扇面，比拟大家没有注意到的表面上画面的变化。

想想看，钟表和人的生活多么密切，人人身上像是装上了自动开关,内通五脏六腑,时间一到,就站起来往外走,时间一到,就躺下去睡。

想想看,台北火车站临街装置的电钟,高高在上,万人仰望,夜晚有光照亮钟面,怕不像一轮明月?台北人可能没好好看过台北夜空的月亮,一定仔细看过这座钟。每天有多少人气定神闲地来到钟前,抬头一望,马上小碎步跑起来了;多少人急急忙忙来到钟前,抬头一望,站住,掏出一支香烟来,点上了。

想想看,每一块手表都不是孤立的。它们有一个庞大的家族,族长住在气象局。它们还有国际背景,跟格林威治天文台息息相通。它们有严密的指挥系统,每天中午十二时整,全族照例要向族长报到校正自己的错误。

比喻的基本句型是"像……一样",为免呆板,可以变化。"语言的价值像银子一样,沉默的价值像金子一样",可以简化为"语言是银,沉默是金",不用"像……一样",用"是"。"山是眉峰聚,水是眼波横",这是一个变型。你可以做一个练习,把许多"像"型的比喻改为"是"型。

还有一个变型可以叫"想"型,"云想衣裳花想容"。"比喻"能发生功用本靠人的联想,由花想到她的容颜,是因为她的容颜像花。于是,"昨晚,我一看到火车站尖顶上的时钟,就想起中秋明月"。"我看见月亮,想起柠檬",都可以作比喻用。但是"看见柠檬想起维他命C"就不是比喻了。试试看,找一些"像"型的字句改为"想"型。

还有一种变型可以叫"成"型,例如"雨水加上霓虹灯的倒影,柏油路面红成晚霞"。描写一个人十分忙碌而又完全不能自主,可以说他"忙成一具陀螺"。描写一个人化妆过度,可以说他"把自己的脸涂成一副面具"。这个句型的特点是,"成"字前面一定有一个词把"喻"和"被喻"的共同关系说出来,在"像"型的句子里,这个词通常在一句之末。例如:

"她唱成一只百灵。"也就是
"她像百灵鸟一样爱唱。"
"他把自己炼成钢铁。"也就是
"他像钢铁一样经过锻炼。"

以上几种句型不论怎样变化,"喻"和"被喻"都在句中并存。比喻最高的技巧是,被喻之物完全不见了,只有"喻"在发挥。"水深火热"说的不是水火,"金玉其外"说的也不是金玉。"在山泉水清,出山泉水浊",如果只是说泉水,杜甫还能算是诗圣吗?这些都另有所指,都是比喻,"被喻"的部分隐藏不见,因此称为隐喻。

把钟表比成大家族的那段文字,说"它们有一个庞大的家族,族长住在气象局。它们还有国际背景,跟格林威治天文台息息相通。它们有严密的指挥系统,每天中午十二时整,全族照例要向族长报到校正自己的错误"。这段文字里的家族、族长、国际背景、指挥系统、报到,都是隐喻。

当你学习一些生字生词时,你可能同时在学比喻。学过"兔脱"了吧?把"兔脱"解释为"迅速逃走"是不够的,它是"像兔子一样逃走了",只有农家出身的孩子,有过"猎兔"经验的,才知道这个比喻传神。同理,"学业荒废"并不是把功课忘记了而已,还带着田里没有庄稼只有野草的形象。"井井有条",莫忘了有条不紊的井田制度。当我们说"罢了、罢了!"的时候要想到,"罢"字是兽落在捕兽的网里,它完了!

于是可以发现,许多词语乃是变形的比喻。词语"借鉴"，好像很陈旧了，"找个镜子来照照看"就新鲜些，其实两者的意思还不一样？"穹苍"，天空像一个圆形的帐篷的篷顶。"耿介"，那人的脾气好像一身铠甲从来不换睡衣。"开张"，那人的商店像一张弓般的拉开了（那人开了店，精神紧张得像一张拉足了的弓）。如此这般，也许能够"化腐朽为神奇"，找出许多比喻来用在我们的文章里。

雄心——像公鸡一样充满了自信。

暴躁——他成了在烈日下噼啪响的干柴。

驯至——像是你的心爱的小猫，慢慢地走过来，悄悄地挨近了。

唱名——他像唱歌一样念出那些人的名字。

倒霉——他好像一跤跌在一堆腐烂垃圾上。

母金——那笔钱像一只母鸡，过一些日子就生出一枚金蛋来。

……

第二，暂时放下要写的景象，去写那景象周围事物的变化，就是烘托。

烘托是"烘云托月"。画画儿的人通常是在纸上画个圆圈儿，当作月亮。他也可以不用线条画月亮的轮廓，他画一片云，在云里留一个圆形当作月亮。他没有直接去画月亮，而是用云把月亮衬托出来。作文写景也可以这么办。在画家口中，"烘托"和"白描"是两种不同的方法，但是在写文章的人嘴里，烘托仍然属于描写，他们把"描"的意识引申、扩大了。

作文怎样"烘托"呢？通常是不直接写我们要写的事物，去写那事物引起的反应。前面写钟，忽然离开了钟，说是有人看了钟以后神色紧张，有人看了钟以后从容不迫，那几句就离"烘托"不远，倘若没有钟，人们就不会有如此的动作表情；今竟如此，读者就会对钟之存在有深刻的印象。

有一次，一位画家为人画像，我们围在旁边看。被画的人和画家相向而坐，我们则站在画家背后，被画的人是看不见画的。十分钟左右，一张铅笔速写人像完成了，这时被画的人可以看见画了，可是他并不马上看画，他对我们说："我知道他画得很好。刚才他作画的时候，我从你们的眼睛和神情知道他画得很精彩。"

"看脸色"的经验人人有，有时候，我们一步跨进办公室，看见大家的神色，就知道这里刚刚发生过一件可笑的事，或是令人忧虑的事，成语有"面面相觑""相顾失色"，我们用熟了、用惯了，习焉不察，忘了初创者的匠心。电影常在恐怖的事件发生时去特写许多人的脸，恶人把好人吊死，导演"不忍"把好人绝命的样子照出来，就去照在场目睹的人，照他们的脸，照出愤怒、恐惧、哀痛，或者痉挛抽搐。

烘托之法常用在不便直接描写或不易直接描写的地方。

夏季常有大雨，将雨之时，云暗天低，空气中有一种看不见的压力，想直接描写这种压力颇不容易。诗人说"万木无声待雨来"，他拈出"万木无声"四字使我们感觉到压力之存在，俨然是三军肃静无哗，等候将帅出场。音乐的美也不容易直接描写，所以白居易描写秋夜江上的琵琶演奏，演奏完毕时的景象是"东船西舫悄无言，唯见江心秋月白"。附近有很多船，船上都没有声音，那些人当然不是睡着了，是被音乐陶醉了。音乐的美有时很庄严，使人也"万木无声"起来。江心秋月是美的、静的，好像音乐凝固在江里，好像没有那么美的音乐就没有这么美的江月。宋玉写美女，形容她"增一分则太长，减一分则太短"，她的身材恰恰好。又形容她不必搽粉，倘若搽粉就太白了，也不必搽胭脂，搽胭脂就太红了，她的肤色也恰恰好。这几句描写太像是烘云托月了，他围着美人四周写"非美人"，留下空白，而空白就是美人。

我们日常使用的语言里充满了比喻。它有一定的句型，容易觉察。我们耳濡目染（你看，"濡"和"染"就是比喻），早有心得。日常语言里也有烘托，比较少，又往往被我们忽略了，一旦需要使用，不免生疏。其实烘托并不困难，只要养成一个习惯，那就是，如果描写不出来，或者觉得这一点儿描写还不够，你就放开你要描写的主体，围着它的四周打主意。

这得平时费些观察的工夫。"玉在山而石润"，我们没见过，但是我们走进一个人的住所，他结婚了没有，倒是看得出来。即使主人外出，室内无人，一个有主妇管理的家，和单身汉的家，应该有许多不同。我们总能"看见"主妇，一个勤俭的主妇，或是懒惰的主妇，或是大而化之的主妇。

如果男主人和女主人都在家，他们有没有孩子呢？如果有两三个稚龄儿女，他家的客厅就很难保持原来的整洁，地板上可能有奶嘴、洋娃娃、积木，或者一只童鞋，或者白纸上用口红画了一张血盆大嘴，标题曰《妈妈》。后院有一辆婴儿车，前门则有邻家的黄狗痴痴等待。客厅里的茶几靠在墙边，沙发的扶手是包上海绵的。孩子没有出场，我们已"看见"孩子。

"我看见春神了！"这是一句惊讶赞叹的话，抒情的成分大于叙事。春神是看不见的。我们听见鸟叫的声音忽然清亮圆润起来了，唱得很兴奋。而且爱唱的鸟一天天增加。我们看见燕子以巧妙的姿势用它的尾巴剪开空气，空气里有青草的香味，和一些可以做燕子食物的小虫。雨比细丝还细，只有在这个季节才会有这样温柔的雨，能把田里的土块湿透了、土块还不破开。不久，那连绵的山陵都着上绿色的披风，由山上一直绿下来，绿色的地毯铺到江岸，一望无际……我们只能看见这些，这些都是烘托。

用比喻描写；

用烘托描写；

再用想象描写。

古诗人描写明月用"皓魄"——洁白的精灵,如果说这是比喻,谁见过皓魄什么样子?这就违反了"以熟悉之事物喻陌生之事物",可是描写的功效仍然很大,因为事实上虽没有皓魄,想象中却可以有。

下面的例子可以说明想象的魔力。白居易用"大珠小珠落玉盘""间关莺语花底滑""幽咽泉流冰下难"描写音乐,后来出现了"珠走玉盘、水行花底"的成语,用来形容美丽的声音。事实上,"珠走玉盘"的声音谁听见过?何以知道那声音很美?如果做一实验,珍珠在玉盘中跳动的声音可能并不悦耳。然而人们"甘愿"由珠玉之美去想象珠走玉盘的声音之美。西谚有"金苹果落在银网里"的说法,这句话在事实上只有视觉之美,想象中却兼有听觉之美。

再说"水行花底"。如果水流的声音不美,何以经过花底便美?如果水流的声音很美,何以经过花底更美?花影对流水的声音并不能增加或改变,只不过花是美的,人们"甘愿"水声也因之特别好听。这也是"想象"的作用。

由于文学欣赏者信任想象有时甚于信任事实,想象就跨出了比喻的范围。

李白说"黄河之水天上来"是想象，平实的说法乃是，中国的地势西北高而东南低，黄河由西北高原顺着地势流下来。苏东坡月夜泛舟，听人吹箫，形容箫声可以"舞幽壑之潜蛟，泣孤舟之嫠妇"，严格地说，都属想象，放宽一点说，下一句如果是烘托，上一句"必定"是想象。刘长卿"闲花落地听无声"是白描。形容落花有"碎声"（跌碎了的声音）是想象。"大江流日夜"，江水日日夜夜奔流不息，是实景，若是解释为江水把白天冲走了，把黑夜冲走了，把光阴冲走了，那就是想象。"夜黑成了一瓶墨汁"，是比喻，"夜黑得可以用刀切"，是想象。野火烧山，白天半边天是黑的，夜晚半边天是红的，是实景；七天七夜以后，火熄了，整座山大概也熟透了吧，是想象。

想象力是一种无中生有、推陈生新的"巫术"。有时候，整篇作品都是想象的产物，例如神话。白蛇和许仙的恋爱故事，除了地名，全属虚构，堪称"大巫"。另有一些作品，写实际生活，仅在部分细节用想象来加强描写，堪称"小巫"。本文所述的想象归于此类。本文又特别把想象与比喻、烘托分开，用以专指陌生的、"想当然耳"的、不可能发生的然而感性特强的景象，以突出想象并激发想象力。如果没有丰富的想象力,像"酒到杯干"这种句子(形容大家豪饮)怎么写得出来,怎么看得懂。"酒到杯干"还可以解释,形容绝对秘密的文件而说是"先烧后看",那就连解释也难了。

比喻、烘托和小巫的想象可以在一篇文章里混合使用。

描写一棵古松,形容它高可参天——它简直可以朝见上帝,即出于想象。这棵松树身披"鳞甲",深色的树干像用"生铁"铸成,则是比喻。它俨然"独霸"这座山头,容不得第二棵树生长,它的根伸进土壤里、石缝中,把整个山头紧紧密密地"抓"住,难解难分,比喻、烘托、直接描写至此也难解难分了。为了形容古松之古,诗人杨仲揆说,这树常常伸出弯曲苍劲的手臂,擒住明月,由天上走回人间。诗人说,这树曾经亲耳听见孔子向老聃问礼。这当然又是想象了。

白居易的《琵琶行》是我们应该熟读的作品,这是一首长诗,记述他怎么在江上"偶然"发现了一位音乐家。

他十分认真地描写了琵琶的乐声,直接描写、比喻、烘托和想象都派上用场。

(一)直接以字音模拟声音:

　　枫叶荻花秋"瑟瑟"

　　大弦"嘈嘈"如急雨

　　小弦"切切"如私语

　　"间关"莺语花底滑

　　又闻此语重"唧唧"

(二)用比喻去描写声音:

　　似"诉"平生不得志

　　大弦嘈嘈"如急雨"

　　小弦切切"如私语"

　　"间关莺语"花底滑

　　幽咽泉流冰下难

　　水泉冷涩弦凝绝

　　银瓶乍破水浆迸

铁骑突出刀枪鸣

　　四弦一声如裂帛

（三）烘托

　　主人忘归客不发

　　东船西舫悄无言

　　我闻琵琶已叹息

　　如听仙乐"耳暂明"

　　满座重闻皆掩泣

　　江州司马青衫湿

（四）想象

　　"如听仙乐"耳暂明

　　大珠小珠落玉盘

　　间关莺语"花底滑"

　　有志写作者不妨马上把《琵琶行》温读一遍，专看以上各种描写方法如何轮替分布以产生总体的效果。

议论的技巧

归 纳

"议论"是发表意见、提出主张,这是跟记叙、抒情不同的另一种表达。有系统的、有说服力的(当然最好也是正确的)议论是知识分子的专长。在一般人心目中,说理的文章比抒情记事的文章身价高些,价值大些,如果抒情记事是"小道",说理的文章就是"大道"。

一个人所以要发表意见、提出主张,多半由于想影响别人的想法,接受文中的主张。"议论"的旨趣跟抒情记事不大一样。不妨这么说:

记叙文使人"知";
抒情文使人"感";

议论文使人"想",使人"信"。

太鲁阁的山水是台湾最美的山水。横贯公路筑成以前,到过太鲁阁的人很少,住在西岸的人多半不知道这一处风景名胜。《太鲁阁六记》或《记太鲁阁山水》之类的文章可以使他们增广见"闻"。如果你写的不是"记",你写的是,人在太鲁阁,简直是走进国画里去了,简直变成高人隐士了,现代社会的一切压力都解除了,人又回到大自然的怀抱里成为受宠爱的婴儿了。这种文章写出来的是作者的感受、感觉,读者得到的也是感受、感觉。

议论文不同。"议论"是,人应该接近大自然,应该欣赏山水,应该旅行。那么就应该到太鲁阁一游,去陶情怡性,认识我们美丽的河山。发出"议论"的人希望大家想一想,相信他的话,照着去做。说得严格一些,纯粹的记叙文不管读者该不该去游太鲁阁,纯粹的抒情文可能连太鲁阁是个什么样的地方都没说明白。当然,文章通常都不太"纯粹",而是记叙、抒情、议论综合使用。作者希望他的文章既能给人知识,又能给人感动,也能使人产生一种信念。

上化学课的时候，老师说："你们看，我可以使蓝色的试纸变红。"果然。"你们看，我可以使红色的试纸变蓝。"果然。老师说："张大为，你来试试；王大同，你也来试试。"屡试不爽。这是由直接实验得来的信念。但天下事不都是这么简单。例如，电视上的暴力镜头，会不会使青少年产生暴力倾向呢？会不会使孩子们将来动不动用暴力解决问题呢？这得由某一个机构请专门的人才来实验，专家选出两组学童来，第一组天天看西部武打、中国功夫、黑手党内讧，第二组则否。几个月后举行测验，看第一组学童的暴力倾向有没有增高。这就不是张大为、王大同能够照着样子再做一次的了，张大为、王大同只有相信专家作成的结论：

假如专家的结论是：

"暴力镜头足以引发暴力行为。"

张大为接受了这个论点，据以主张：

"电视应避免暴力镜头。"

发为议论的时候，就得把这个结论举出来使别人也接受。这种结论的涵盖面很大：甲电视台的暴力镜头能助长暴力行为，乙电视台亦然。这种结论的效用可以推广：以前电视台的暴力镜头助长暴力行为，以后也能。这种涵盖面大、能推广应用的断语就是一般人所谓大道理、大帽子。

有些事情谁也不能实验。台北市区的火车道究竟是走地下，还是高架？总不能先挖隧道铺铁轨试试，不合适再拆掉铁轨填上土。这等事，得由专家勘察提出建议。这一位专家说高架好，另一位专家说地下好，这就有争辩。而议论文正是引起争辩、参加争辩的文章。好的议论文还可能是结束争辩的文章。

写这种文章，难就难在你的主张是根据什么提出来的呢？你的意见是根据什么发挥的呢？也就是，你的"论据"是什么呢？你凭什么说电视应该减少暴力镜头呢？凭什么说中学生不该谈恋爱呢？凭什么劝联考没考取的人不要灰心绝望呢？你不能说：我觉得暴力镜头怪残忍、怪可怕的，看多了夜里会做噩梦。光是"我觉得"不行。"我觉得"是抒情。

所以发议论、提主张要先找参考资料。但是中学里课堂上作文，很少先宣布题目，一星期后再交卷的（我倒主张写议论文不妨这么做），考试的时候更不用说了。这得靠你平时多看书报，留心问题，记住一些东西。《太鲁阁六记》只要到过太鲁阁就能写，为大自然所陶醉的感觉没到过太鲁阁也能写，提倡旅游，不但最好自己有旅游的经验，还得讲得出"大道理"来。"大道理"不会在你心里自然产生，也不会写在太鲁阁的石头上，从这个角度看，议论似乎较难。

"道理"是从哪儿来的？它是"归纳"出来的，写论文的人都很了解归纳法。使用归纳法的人先去搜集事实，把一件一件事实叫"个案"。有个孩子生了白喉，白喉是厉害的传染病，卫生机关追查病是怎么来的，查来查去查到这个家庭养的狗身上，发现由狗传染而来，这是一个"个案"。另一个地方，另一个孩子，得了肺结核，病菌是从哪里来的？卫生机关也要查，查来查去查到他家的狗，也是由狗传染而来。这又是一个"个案"。个案多了，从其中找它们的共同处，那就是：

"狗会传染疾病。"

这就是归纳。

"狗会传染疾病"可以当作论据。既然狗会传染疾病，我们应该怎么办？这就产生了意见和主张。有人说根本不要养狗。有人对是否养狗没意见，但是，如果养狗，一定要经常给狗洗澡，除寄生虫，打预防针，并且检查身体。有人说，养狗养得那么讲究，要经济高度发展的社会才办得到，我连自己都不能按期做健康检查，何况是狗？可是我家需要养狗，只好冒险。

这么说，归纳法不是挺难吗？不，不太难。我们在生活里面几乎天天都在用这个方法。婴儿觉得周围的人对他很好，就以为所有的"人"都对他好。长大以后，他发现只有一小部分人爱他，关心他，喜欢他。这些人是父亲、母亲、哥哥、姐姐、外祖母等。这些人都是亲人，亲人才会对他好，这就是归纳。成年以后，离开家庭，步入社会，发现社会上也有一部分人对他很好，接待他，奖励他，帮助他。这些人并不是他的亲人。不是亲人怎么会对他好呢？因为那些人的心肠好，心肠好的人待人好。这又是归纳。既然有这么多的人对我好，我是不是也该回报呢？怎样回报呢？这就有了意见主张。

知识、经验使我们知道事物和事物之间有哪些共同的关联。小时候不知道,长大了才知道。读书少的时候不知道,读多了就知道。抗战时期我做流亡学生,到过大后方好几个省份,乡下的老太太听说我们是因为日本军阀欺负中国才逃出来的,就问日本国在哪里,有多远。她老人家听说远得很,就很纳闷:"彼此隔得那么远,干吗要来欺负咱们呢?"那时候还有很多人抽鸦片,她老人家听说鸦片是从英国来的,英国人硬要把鸦片卖给中国人,又问英国在哪里。英国吗?更远,比日本还远。既然隔得更远,为什么也要来害中国人呢?英国、日本,为什么都一样呢?老太太没念过书,不知道两者有什么共同的关联,她的孙子就知道,那时日本和英国都是帝国主义,帝国主义都是要向外扩张的,都是要找寻目标发动侵略的。

读书,可以多多知道世上的事物,并且发现事物和事物之间的关联,找出其中的道理来。世界上的事物太多,太复杂,人的精力时间有限,一个读书人要有高深的成就,多半要选定一个范围,希望了解这个范围以内的所有事物,这是"从少少中知道多多",这是"专"。也有人不愿意被一个小小的范围圈住,他要"周游列国",一个范围挨一个范围进进出出,"从多多中知道少少",了解得比较周全,这是"博"。博也好，专也好，都是将来的事，写那种文章的规矩十分严谨，那不是"作文"，那是著书立说。那是另一个层次。

现在我们要说的是，归纳法可帮助你完成一篇议论文，并且可能使你的议论文继续进步。归纳法好比是一个口袋，你把相关的事物放进去，加上标签。我们来假设一个练习：

> 董仲舒下帷读书，三年目不窥园。

老师说，冯成城，联想一下，举出一件类似的事情来。冯成城想了一会儿，照着老师的指示，走上讲台，拿起粉笔，在那一行字旁边写下：

> 孟浩然作诗的时候，把太太和孩子都赶到门外。

"很好。"老师点点头，目送冯成城回座。"现在谁有灵感？谁能再增加？"华成果、韩行之都举起手来。华成果写的是：

大禹治水,九年在外,三过其门而不入。

韩行之写的是:

牛顿煮表。

老师说:"很好!你自己解释一下。"韩行之说:"各位同学,牛顿做起研究来就忘了吃饭。有一次,他放下研究工作去煮一个蛋做午餐,人在厨房里,也还是在研究室里。煮了一阵子,蛋该熟透了,谁知他打开锅盖一看,锅里放的不是蛋,是他的手表。"

好的,这里有个口袋,我们把董仲舒下帷读书放进去,把孟浩然作诗放进去,把大禹治水、牛顿煮表放进去。为什么把它们装在一个口袋里?因为这四件事有一点相同。哪一点?他们都非常专心。结果呢,董仲舒读书读得很好,孟浩然作诗作得很好……

我们在口袋外面写上:
专心致志的人可以成功。

平时看书多准备几个口袋，袋袋不空，作文的时候把袋里的东西倒出来。上面假设的这个口袋，如果作文题目是"如何发扬专业精神，或是纠正见异思迁的风气"，或是"成功最重要的条件是什么"都可以用。

孟浩然为了专心作诗，常常把妻子儿女赶出门去，换个角度看，这件事跟住宅问题也有关联，孟家的房子太小，如果子女有专用的游戏室，岂不可以相安无事？直到现在，多数人居住的空间仍然不够，专家心目中的标准住宅是，整个建坪为卧室面积的四倍，也就是说只用房子的四分之一来睡眠，事实上许多家庭住得很拥挤，好像房子是为了卧室，而卧室只是为了放一张床。现在的孟浩然也难免把孩子赶到水沟旁边去吸汽车的废气。如此，孟浩然这一条，可以写进"论兴建人民住宅之重要"，也可以写进"改善文人的生活环境"。它可以装在好几个口袋里。

大禹治水这一条，是专心，也是公而忘私。它可能有机会加入"外举不避仇""匈奴未灭，何以家为"的一组。换个角度替禹的太太设想，做一个大人物的妻子真不容易（做孟浩然的太太又何尝容易？），讨论中国妇女的美德、痛苦的时候也许用得着。人生是立体的,你可以作"面面观"，

"梁山伯祝英台"的故事是一个爱情至上的故事，也是一个父母包办儿女婚姻的悲剧，你可以从里面找古代女孩子浪漫的幻想（女扮男装到远方去受教育），也可从里面找从前的老百姓在面对人间缺憾时怎样安慰自己（梁祝故事的底子是一个圆满的神话）。复杂的事件，有时像神话故事里牛郎的那头牛，虽然只有一头牛，牛头有牛头的法力，牛尾有牛尾的法力，牛皮有牛皮的法力，随时可以供应牛郎的需要。

有了董仲舒读书，有了大禹治水，有了牛顿煮表，你就像证题一样得到"专心"。下面你就可以理直气壮地提出意见主张，这才是你的目的。这一类题目通常只能向肯定的一面发挥，大概没有人会说专心不好。心专而后业精，心专而后学成，能专始能巧，能专始能通。难道也得三年目不窥园？不是的，暑假别跟妈妈到日本去观光总可以吧。难道也要我们煮表？当然不是，到美国留学的人喜欢在周末包饺子吃，其事无可厚非，但是也有人从来不包饺子，留学三年没吃过一顿饺子。有人说笨人才需要专心，此言差矣，牛顿、董仲舒是笨人吗？

今天的人读书立业，也要有董仲舒那种全心全意投入其中的精神，而不是呆板地模仿他的做法。有很多事情古人能做，今人不能做；古人行得通，今人行不通。何以见得？归纳为证。

有一次，老师讲到囊萤映雪，晋代的车胤、孙康，都是有名的读书人，这两个人小时候家境穷困，晚上点灯都要节省灯油，车胤的办法是，夏天捉一些萤火虫装在袋子里，利用萤火虫的闪光读书，孙康的办法是，冬天下雪的时候，站在雪地里，利用积雪的反光读书。一位同学问道："萤光和雪光很微弱，怎么能看清书上的字？"老师说："这个问题实在好！"他解释，晋朝人读的书，大概还刻在竹片上，字体很大。即使到了唐宋，把文字刻在木头上印书，利用萤光雪光或凿壁偷光，也还能阅读。从前的书是刻在木板上印刷出来的，字体很大，现在"中央图书馆"所藏的"善本"书，就有宋代明代刻印的，映着雪光看，或是"凿壁偷光"看，能够阅读。贫穷的读书人买不起书，可能自己抄书，手抄本当然也是大字。

讲到古人行得通，今人行不通，老师要求同学们自己举例，又得到三个"个案"：

张千载与文天祥

张千载,宋人,和文天祥是朋友。文天祥请他出来做官,他不肯。后来文天祥被元朝囚在一间小屋子里,张千载就租了房子住在旁边陪着,天天送饭给文天祥吃。等到文天祥被元朝杀害,千载负责办理丧事,把骨灰送到江西庐陵文天祥的老家。

这件事情,现代人恐怕办不到。现在若有文天祥这等人物坐牢,敌人一定戒备森严,不准一般人接近,也根本用不着有人送饭。现代的张千载若在附近逗留不去,敌人可能认为他是间谍。

荀巨伯

荀巨伯是汉朝人。他到某城去照顾一个生了重病的朋友,不幸遇上贼兵攻城。朋友劝他赶快逃难,他不肯。贼兵攻进城里,见城里的人差不多跑光了,就盘问荀巨伯为什么还留在城里。荀说:"我的朋友生病,我不忍把他丢下。"贼兵问他难道不怕死?荀说:"我愿意为我的朋友而死。"

贼人听了，十分感动，认为城里既然有这样的好人，这个城实在不该受到扰乱破坏，就退到城外去了。

为了一个义人而放弃一个城，现在不会有这样的战争。现代荀巨伯应该把病人送进医院，由医院里的医生和护士留守。攻进城来的人通常不去毁坏医院，因为他们自己也会生病。

西门豹

西门豹治邺，破除了"河伯娶妇"的迷信。当地风俗，每年选一个少女丢进河中淹死，算是给河神做太太，祈求这一年没有水灾。西门豹在河伯娶妇的大典上把巫婆投入河中，其事遂废。

现代的西门豹要是这么做了，不久就会被捕，紧接着是法院审判，罪嫌是杀人。他也会受到舆论的攻击，不可能传为美谈。

老师说：张千载、荀巨伯、西门豹，加上"囊萤"的车胤、"映雪"的孙康，五人的事迹合起来，可以证明今人不能完全遵古仿古。后人所以看重车胤、孙康，是因为他们艰苦向学，今人只要有那种精神就好。同理，张千载的精神，荀巨伯的精神，西门豹的精神，都可以传下来，用现代人的行为发扬它，再传下去。

谈到"精神"，这些"个案"就有了更多的用处。囊萤映雪的故事可以劝学，今人读书的条件比古人好，即使家贫，门外也还有路灯，站在路灯底下看书也比"囊萤"清楚，比"映雪"舒服。论朋友义气的时候别忘了荀巨伯。西门豹，无论如何他是爱民的，他是为民除害的，后来他也兴修了水利。荀巨伯能退贼，可见"古贼"的心眼儿比较憨直，还不敢轻易毁坏道德偶像，用它来证明"人心不古"行不行？"邺"这个地方的人年年甘愿牺牲一个女儿，哪里懂得人权？怪不得西门豹能够"以其人之道还治其人之身"。用这个故事来证明社会的进步行不行？

有时候，"个案"之外可以引用名言助阵，或者在"个案"不够的时候用名言代替。名言大都修辞甚佳，足以使文章醒目生色。例如：

与良友为伴，不觉路远。

这是莎士比亚剧里的台词，引用的人照例注明是莎士比亚说的。引用名言一定要记得是谁说的，否则就减少了可信的程度，读者大都有"因其人而信其言"的习惯。由莎翁这句话可以看出"良友"的重要。好了，你现在有莎士比亚，有荀巨伯，还可以加上什么？

一个今天优于两个明天。

语出富兰克林。这是教人把握现实吗？加上西洋谚语"二鸟在林不如一鸟在手"如何？这是教人爱惜光阴吗？加上陶侃的"大禹惜寸阴，吾人当惜分阴"如何？孙康为什么要"映雪"呢？为什么不等到明天早晨再看书呢？不也是爱惜光阴吗？以此为基础，还可以加上什么？

己所不欲，勿施于人。

人所共知，这是孔子说的。耶稣也说过"要人家怎样待你，先怎样待人"。有人认为孔子的话比较消极、被动，传述孔子思想的《中庸》有一句，"所求乎朋友，先施之"，就和耶稣的话很相近了。

当你拿着两本书思索你的孩子该先读哪一本的时候,别人家的孩子早已把那两本书都读完了。

这是英国文学家约翰生的话,他的意思是劝人做事当断则断,不要犹豫不决。这句话使人想起一个故事:某人有两个儿子,都被土匪绑去。土匪说:"我要一百两金子,但是我只能放回一个儿子给你。"这可把事主难住了,一百两黄金可以想办法,但是究竟把哪个儿子赎回来呢?他翻来覆去地想了很多天,不能决定,土匪等得不耐烦,就把他的两个儿子都杀掉了。

> 世上最快乐的事莫过于为所当为。——培根
> 健康生快乐,快乐生健康。——司派克提尔
> 家庭和睦是人生最快乐的事。——歌德
> 知足常乐。——老子
> 为善最乐。——中国谚语

以上五句名言都在说什么是快乐。他们说的是为所当为、健康、家庭和睦、知足、为善。五者都是正当的、积极的，既然"为善"可以使人快乐，那么人为了快乐就要去多行善事，那么追求快乐也就是一件好事。这就有了一篇文章。

看起来，集用名句也可以建立论据。名句十分精练，写出来像个大纲，有骨无肉，补救的办法是对名句的意思先略作解释。以上五句名言，每句扩充成一百字，就有五百字。加以归纳，指出五者都是正当的、积极的，两百字。追求快乐是人的天性，人为了快乐，去做这些正当的、积极的事，那么快乐是他应得的报酬，我们应该加以鼓励，三百字。一篇"千字文"顺利完成。

或者换个角度来归纳：为所当为、家庭和睦、知足、为善，都不是物质享受，都是精神上的快乐。连"健康"也可以从这个角度赋予意义。这时，你可说，精神上的快乐才是真正的快乐。可惜世上许多人太注意物质享受，以为脑满肠肥是快乐，纸醉金迷是快乐，走入迷途。这也可以成为一篇文章。

有些作文题目可能早把论据给你准备好了，例如：

多难兴邦

志不立无可成之事

你的工作：一、证明多难可以兴邦；二、申明多难何以能够兴邦；三、多难兴邦的"原理"给我们的影响是什么。你不能向反面发展。

第二题也是一样。你可以想想东汉的严光，他和皇帝是同窗好友，皇帝到处寻访他，他躲起来。后来找到了，皇帝给他官做，他坚决辞谢，宁愿到浙江的富春江旁去种田、钓鱼。他从没有立过做官的志向，纵然有那么好的机遇，也对他毫无用处（换个角度看，他立志做隐逸之士，倒是成功的）。你可以想想南宋的高宗，那时金兵入侵，朝廷偏安，但是他从未立志光复河山，只想委曲求和，虽有岳飞那样的名将，虽然北部有风起云涌的义兵，也无济于事。"志不立，天下无可成之事"，这句话是可以成立的。

但是这句话的意思并非教人不要有"野心"，不要有作为。真正的意思是"欲成大事，必立大志"。这句话故意用否定的语气表示警告和催促。所以文章应当落到"志不可不立"。

作文题目也可能像个选择题：

> 文事与武备孰为重要
> 用人唯才与用人唯贤之利弊得失
> 传统与创新
> 安定与进步

面对这样的题目就得自己建立论据，不过要在题目预设的范围之内建立。论据可能有几种方式：

> 两者并重——"文武之道不可偏废。"
> 两者选一——宁可选能（或宁可选贤）。
> 两者合一——传统是由不断的创新形成。
> 两者因果——安定始能进步，进步始能安定。

文章同时要说两件大事，似乎很难。但只要有材料，知道方法，就容易落笔。有人要我们多读书，多眼到手到心到，正是为我们有材料。有了材料，剩下的是方法问题。作文要考这样的题目，正是要看我们知识如何，思想条理如何，由材料看识见，由方法看思路。

你只有几十分钟时间作文。你只有几百字到一千字可写。在这种情形下，你得讲求方法。一个有效的方法是：把题目上的两件事看作一件事。同时写两件事，难；写一件事，易。明明两件事怎可说是一件事？因为事物和事物有共同的关联，读书明理，就是要找出这种关联来。东圣西圣都有人说，天下万事其实只有一件事！他们说是找到了万事万物的总开关！那实在不容易！我们无法找到所有事物的共同关联，但是我们可以找到文事和武备的共同关联，那是"国家的需要"。我们可以找到传统与创新的总关联，那是"文化的发展"。

"国家的需要"是个大题目，试看每年的总预算要印成一本书，国会要花几个月的时间来讨论。我们从何说起？我们从小处说起，我们说人人既需要医生治病，又需要警察捉强盗，二者不可缺一。我们既需要军队，又需要科学家研发新的武器，二者不可缺一。这就是流传了几百年的"大题小做"。

有时候，作文题目既不要你证题，又不要你选答案，它不过是：

我对电视节目的意见

青年的出路

谢天谢地，出题的人知道体谅考生的难处。这样的题目最容易写，只要提出三点两点意见，指出三条五条出路就行。不过，出题的人虽然宽大，阅卷的人却很严，也就是说，题目越容易发挥，想得到高分也越难，阅卷的人要求文章有特色、有新意。能够娴熟地运用归纳法，比"漫谈"一番要占些优势。

如果你已经学会了使用归纳，你得注意：我们归纳出来的论据并不一定完全正确。因为世上万事太复杂了，我们的"个案"不能完全代表，我们归纳出来的论据也就不能完全涵盖。"凡人皆有死"，这句话可以说是完全正确，至今世上还没有不死之人。"用水量越高的城市，它的文明程度也越高"，这句话本来也很可靠，但是有一次出了意外，某一个城市的自来水系统处处漏水，水是漏掉了，不是用掉了。"凡鸟皆能飞"吗？动物学家说世上确有不会飞的鸟。植物学家还说世上有吃肉的"草"！

论到"人"，和人所生出来的"事"，就更复杂、更变化无穷。有一次在课堂上练习归纳法，出现如下的对话：

"女生怕蛇。"一个男生说。
"女生怕老鼠。"另一个接着说。
"女生怕黑。"
于是顺理成章地有人说出：
"女生胆子小。"

这时有人忽然站起来质问：
"花木兰、梁红玉的胆子小吗？"

四座默然。世上有一半人口是女性，性格、文化背景、健康状况有种种差异，你怎么归纳得完！怎么能没有例外！用中国的一句老话来形容，真是"一言难尽"！有人活了九十岁，阅人多矣，到最后他对人的看法还免不了"偏见"，有人花十年工夫做研究，到后来他的论文里还有"种族歧视"。

所以，用归纳法作议论文，不要把话说死了，说绝了。比较妥当的说法是，今天青年的出路，"似乎"比百年前更广更多。"我认为",电视节目的功能以教育为主。"由此可见",古人行得通,今人"未必"行得通。古往今来,有成就的人"大概"都很专心。

这不是成了"差不多先生"了吗?也许是吧,也许在求学的时候,在我们未能掌握准确的真理以前,总要做几年几十年"差不多先生"吧。

演 绎

归纳法和演绎法像一对孪生姊妹,经常被人们相提并论,它们的功用也好比前锋后卫,相辅相成。

归纳法是化繁为简,多中求一,演绎法则恰恰相反。例如"一个三角形各内角的总和是一百八十度",这句话没有错,凭着这一条定理,我们可以断定沈之阳画的那个三角形是一百八十度,甘若素画的那个三角形也是一百八十度,推而广之,任你在什么地方画一个什么样的三角形,其各内角的度数之和是一百八十度,不用再计算、测量,这就是演绎。

我每逢看见"天有不测风云"这句话,就想到现在的气象预报相当准确,古人认为没有办法的事,今人已经很有把握。气象台时时注意气压、气温、风向、风速、湿度、附近地区的气象变化。气象专家手里也有一条一条"定理",在什么情形之下会下雨,什么情形之下会有台风,他用的方法也是演绎。

演绎要先有"普遍原理",用在写议论文上,就是先有论据。例如:

> 学然后知不足。

大家都相信这句话站得住。拿它作论据,加以演绎,我们想到,那位说"我只知道一件事,就是我无知"的人,说"在宇宙面前,我是个幼稚园的学童"的人,都是伟大的学者,说"知之为知之,不知为不知"的人,到了老年还在发愤忘食,他也是伟大的学者。倘若有人自以为他的学问够大了、满足了(开玩笑的话例外),我们敢说他"不学"或是"停学"。这就是凭演绎。这样就可以写成一篇文章。

有人问过,既然如此,演绎法岂不就是把归纳法倒转过来?先确定"能专始能精,能专始能成",再把董仲舒、孟浩然一个一个请出来，岂不就是演绎？应该指出，演绎法有一个用处，就是帮助我们探求"未知"，而归纳法所归纳的，限于"已知"。我们已经知道董仲舒、孟浩然都很专心，知道他们的成就，于是对于眼前那正在全神贯注、锲而不舍地做学问或创事业的人，可以"预测"他将来必定有些成就，至于成就的大小，当然还要看机会、才能、健康状况等条件，但是，"假如其他条件相等"，专心致志总比"一心以为有鸿鹄将至"要多一些成就。

同理，"三角形各内角之和为一百八十度"由归纳产生，那是测量、计算了许多三角形之后的"已知"，用于演绎，我们对任何一个三角形，不必测量，不必计算，可以"预料"它的各内角之和也是一百八十度，这就是帮助我们探求未知。可以说：

用归纳法"温故"

用演绎法"知新"

王戎的故事曾经写在课本里，他还是一个孩子的时候，跟许多同伴一起到野外玩耍，走着走着，远远看见大路旁边有一棵李树，上面结满了累累的果实。孩子们欢呼一声，飞奔到树下去采李，独有王戎坐在原处休息。有人问他为什么，他说："树上的李子是苦的，不能吃。"怎么知道是苦的呢？"李树生在大路旁边，如果不是一棵苦李，早该给人家采光了，怎会有许多果实留在树上？"不久，那些爬上树去的孩子，都兴致索然地走回来，李子果然是苦的。

王戎用的就是演绎法，他的论据，用庄子的话来表示，就是：

甘井先竭

从前没有自来水，大家"凿井而饮"，一个村子上可能有两三口井，如果某一口井的水特别好喝，居民（甚至邻近村子里的居民）必定先到这口井来打水，直到这口井里暂时没有水了为止。果树也是一样，"桃李无言，下自成蹊"，因为来欣赏果子的人、来摘果子的人会把树下踩出一条小路来。如果树下是荒芜的，没有人迹的，那就不是"甘井"——不是甜李。

远离烟酒为强身之本。

现在的医生都相信这句话,他们从许多研究论文、许多临床经验知道,高血压、心脏病、癌症都和烟酒有密切关系。美国的香烟盒上,都依照政府的规定,用文字标明"吸烟有害健康"。这是"温故"。你有了病去找医生诊疗,医生照例问你"吸烟不吸烟?喝酒不喝酒?",如果答案是"不",医生就认为你得某些病的机会要少一些。如果你投保人寿保险,保险公司也会问你"吸烟不吸烟?喝不喝酒?",如果答案是"不",他们就认为你可能活得长一些,接受投保的风险就小一些。这都是"知新"。

在"愚公移山"那个故事里,愚公对智叟说:我的年纪虽然大了,我有儿孙,我的儿孙还有儿孙。我们世世代代合力移山。我们的力量不断增加。山是不会生长的,山上的土石是不会增加的,我们搬走一块石头,它就少了一块,我们挑走一筐土,它就少了一筐。这样,终有一天,移山可以成功。愚公的这种思考过程,就是演绎。

在"鹬蚌相争"那个故事里面,鹬对蚌说:"如果一直不下雨,你会渴死。"蚌对鹬说:"如果我一直夹住你,你会饿死。"它们的思考方式，也是演绎。

现在回顾一下前面举过的例子。

在"学然后知不足"这个论据之下，演绎及于孔子、苏格拉底、爱因斯坦，发展出好几条线来，线与线是平行的，这叫多线演绎。

在"远离烟酒为强身之本"这一论据之下，演绎及于有病就医的甲乙丙，和投保寿险的丁戊己，也是多线演绎。

由"甘井先竭"演绎出来的"道旁之李应该早被行人摘光"，就是只说这一件事，由一条线向下发展，这是"一线演绎"。这一线继续延长，反证"道旁多李必是苦李"。一线演绎通常是要向前延伸的。这种延伸就是"推论"。

在愚公移山的例子中，愚公的"推论"是经过一再延伸的：

"我的儿孙的力量比我大，而山的体积不会增加。"这是第一节；

"儿孙的儿孙人数更多，力量更大，而山的体积不会增加（只有减少）。"是第二节；

"儿孙的儿孙还有儿孙，力量一直增加，而山的体积一直减少。"这是第三节。

愚公的推论是像竹子生长一样一节一节加长的，也是一步一步达到"未知"，将未知变为已知。这种一步一步的推论，是议论文常用的写法。

当我在中学读书的时候，校中是禁止男女同学恋爱的。事隔多年，我还记得训育主任的一番道理，我可以用"节节生长、步步推论"的方式把他的意见写在下面：

学生多用一分钟时间恋爱，势将少一分钟用功，恋爱必然荒废课业。（第一节）

课业荒废，学生不在功课成绩上竞争，为得到爱情而竞争，势将争风吃醋，滋生纠纷。（第二节）

学生和学生之间一旦为了爱情发生争夺，势将结成集团帮派，甚至可能互相斗殴，校风于是败坏。（第三节）

我把他的话写在这里，并不希望别人都信从他的主张，而是指出他推论的过程。你可以用同样的方式"鼓吹"恋爱：

男生女生一旦发生恋爱，必定努力提高自己的成绩，以争取、增进对方的好感。（第一节）

在这种迫切的要求下，男生女生约黄昏或共度周末的

方式，将会是切磋琢磨各门功课。（第二节）

男生多半长于数理，女生多半长于文史，恋爱使两者截长补短，齐头并进，学业与感情与日俱增。（第三节）

你可以用这个方法发表反对的意见，也可以用这个方法发表赞成的意见，这就是方法的"中性"。

一线演绎有时像抽丝——"绎"字可不就有个丝字旁？从前文人有"抽丝剥茧"的说法，那厚厚的茧，是细长的丝一圈一圈一层一层做成的，抽丝的时候，茧就自内而外一层一层一圈一圈地展开。有些题目，你真觉得它像个"茧"：

强国必先强身

它就是一个茧。它有明显的脉络层次。

第一层，国家是人组成的，人人能自立自强，国家才会强盛，自立自强的人或是冒险犯难，或是案牍劳形，或是汗流浃背，或是通宵深思，当一名建设国家的工人。

第二层，自立自强是一种精神，是诚中形外，欲罢不能，决不是装模作样，决不肯弄虚造假。他自然而然地去冒险犯难,去通宵沉思,或是在办公室里劳形,或是在工程中流汗,不但不以为苦,反而是精神上的一种满足。

第三层,如果他爬山去完成一项任务,他的体力不够,半路上走不动了,躺下去了,谈什么冒险犯难呢?如果他思考一个问题,想着想着头昏了,心跳了,想不下去了,不敢再想了,他怎能深思熟虑,提出完善的方案呢?如果他多看了一些公文就得了脑溢血,如果他多晒些太阳就犯了心脏病,他的精神又从何表现呢?精神是通过肉身来表现的,精神在不眠不休之中,在跋山涉水之中,在耳聪目明思路清晰之中,总之,在健强的身体之中。

我们现在把丝抽出来了,把茧剥开了,再沿着这条线反馈,由强健身体到自强的精神,由自强的精神到强盛的国家,又还它一个茧。

像"强国必先强身"这一"型"的题目很多,"国强而后民贵","健全的精神寓于健全的身体","安定先于进步",都可以列入这一类型,都可以用"抽丝剥茧"的写法。

无论是归纳法或演绎法,在练习期间,最好具有对这种方法的敏感。例如:

塞翁失马，焉知非福。

塞翁用的是归纳法还是演绎法？演绎是由已知到未知，塞翁预测失马可能是福，当是演绎。演绎是从普遍原理推知个别事实，塞翁所根据的"普遍原理"，就是已知的"祸福相倚"的思想：福中隐藏着祸，祸中暗暗"发育"着福。

信耶稣　得永生

看起来这是"普遍原理"，应是从许多个案中归纳得来，但是这一信条只能供演绎之用，借以"预测"你我他诸位信主的人有什么收获。这个"原理"的本身却并不是归纳法的结果。

寄语儿童休乞巧
老夫守拙尚多乖

杨万里在七夕作的诗。各地妇女都有在七夕"乞巧"

的风俗。乞巧是在星光下，以线穿针，谁能够把线顺利穿过针孔谁就是未来的巧妇。可是诗人说，我一辈子"守拙"还做错了许多事呢，还摔了许多跟斗呢，你们"乞巧"将来怎么得了？他"推测"那些"取巧"的人将来一定要吃很多亏！这是演绎法，所根据的普遍原理是：所有取巧的人都是常犯错误的人（诗人利用了"巧"字的双关语意，把主题过渡到"投机取巧"上来）。至于"老夫守拙尚多乖"，由那个"尚"字看，这一句是衬托，也是强调。

不知其人观其友
不知其子视其父

这两句格言的效用是建立在演绎上，由已知的"友""父"推想未知的"其人"和"子"。当礼教森严的时代，说媒的人无法使男女双方会面，只能使男子看见"她"的姐姐，使"她"看见"他"的舅舅，从"不知其甥视其舅""不知其人观其姊"演绎摸索。

当然，这样得到的答案可能极不正确。"观其友而知其人"的论据是同类为友，"观其父而知其子"的论据是"有其父必有其子",这两条"原理"都有很多例外,至于甥舅姊妹之间,更往往差之毫厘,失之千里,所以古代相亲的故事有许多笑料和悲剧。

你会后悔的。

做父母的常常用这句话"警告"不用功的孩子,它是由"少壮不努力,老大徒伤悲"这一普遍原理演绎而来。可以说,"警告"多半是演绎的。

角者吾知其为牛,
鬣者吾知其为马。

头上生角是牛的共同特征,凭"角"识牛,演绎。但是这句话有毛病,并非所有的"角者"都是牛(还有羊有鹿),因之发生了"除不尽"的现象。正是"美人未尝不粉黛,粉黛未必皆美人"。

有时候,练习推理是一件很有趣的事情。例如,我转身背脸,任你秘密地打开一本五百页厚的字典,在某一个字做个记号，我能猜出是哪一个字来。当然，你得允许我问几个问题。第一个问题照例是：这个字是在第一页到两百五十页呢，还是在两百五十一页到五百页呢？如果答案是二五一页到五〇〇页，我将再问：这个字是在二五一到三七六页呢，还是在三七七到五〇〇页呢？——好了，我想你知道怎样问下去了。

另一个例子是，一个大人带着一个小孩子在公园里散步，大人一直跟孩子叫"我儿"，可是孩子不肯叫大人"爸爸"，何故？有人百思不解，其实十分简单，那个大人是孩子的妈妈！

向一本五百页厚的字典中找一个做了记号的字，这个字不在一——二五〇页，就在二五一——五〇〇页，不会有任何"意外"。因为没五〇一页。孩子既是那人的儿子，那人不是孩子的爸爸，就是孩子的妈妈。这就像三角形内的三个角一样，完全在你掌握之中，决不会一转眼变成四角形。但若说到人间万事，有许多因素是我们不知道的，有许多因素是随时变化的，推理就往往只能局部正确，相对的正确。

宋代有一个人到广西做官，见当地人生了病到庙里求些香灰来吃，心里非常难过，就悄悄地派了些医生跟和尚秘密合作，把药品掺在香灰里，让那些愚夫愚妇吃了香灰也能把病治好，这样救活了很多人。在历史上这是一个爱民的好官。可是有人作翻案文章，认为香灰掺药是愚民，是助长迷信，使当地人不能发现自己的愚妄，反而是害了他们。两种说法都有一部分事实作根据，这就是相对的正确。

有人问，为什么格言和格言会互相冲突呢？为什么既说"沉默是金"又说"一句话说得好就是金苹果落在银网里"？为什么既有"少壮不努力，老大徒伤悲"又有"人生行乐耳，富贵须何时"呢？为什么既要我们"知足常乐"又要我们"自求多福"呢？为什么既认为"得人者昌，失人者亡"又认为"胜者所用，败者之棋"呢？格言都是归纳产生的，有时也只能归纳一部分事实。

所以，议论自来免不了"争论"。

虽然如此，我们仍然应该知道可能发生的谬误，力求避免。像：

　　他是艺术家，一定很穷。

他是外国人，英语一定说得很好。

世上既没有圣诞老人，当然也没有耶稣。

至少，这样的推论我们应该一望而知其有误。拿破仑对他的士兵说："世上最危险的地方是你家卧室中的睡床，因为世人都死在床上。"他似乎是用了归纳法，但是我们应能辨认这只是俏皮话。

韩愈有一篇文章，开头的一段是很出名的：

> 大凡物不得其平则鸣。草木之无声，风挠之鸣。水之无声，风荡之鸣；其跃也，或激之，其趋也，或梗之，其沸也，或炙之。金石之无声，或击之鸣。人之于其言也亦然：有不得已者而后言，其歌也有思，其哭也有怀……

这是很明显的大规模的演绎，其脉络如下：

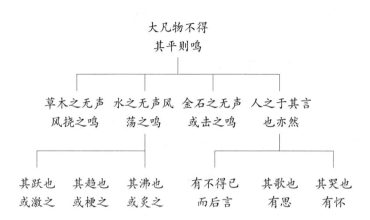

"物"能包括"人"吗?也许可以吧,我们不是常说"人物"和"物议"吗,如果认为不能,就把"人之于其言也亦然"提高到和"物不得其平则鸣"平行,使"物不得其平则鸣"成为一个比喻。有人问过:"飞蝶无语,其亦为平乎?"好在有"大凡"两个字,作者早已承认有例外。

我们写议论文,可以先列这么一张表,就可以有条不紊地发挥成篇了。

值得注意的是,演绎、归纳常常是共用的。例如上面引述的这篇文章,作者演绎出来"有不得已者而后言,其歌也有思,其哭也有怀",下面总括一句:"凡出乎口而为声者，其皆有弗平者乎！"就又作了归纳。

管宁割席

管宁和华歆一同读书，但是后来管宁决定和华歆绝交。这是因为发生了两件事。第一件，管宁和华歆一同在后园锄地，土中翻出来一块黄金，管宁照常挥锄，连看也没看一眼，华歆却把黄金拾起来把玩了一会儿再丢掉。第二件事：有一天两人正在读书，忽然门外有马车和鸣锣开道的声音，显然有贵人经过，管宁照常读书，华歆却丢下书本向外窥看，脸上露出羡慕的神色。于是管宁断定不宜再和华歆做朋友。

管宁用的是归纳法还是演绎法？似乎是归纳，他至少有两个"个案"，也许还有第三个第四个，历史上没有写出来。不只如此，他似乎也用了演绎法，预测华歆贪图名利，将来和他的志趣不合。

归纳和演绎连用的例子很多，像：

一叶落知天下秋

人们常说这句话以偏概全,一叶落怎么就是天下秋?难道没听说过"一朵花造不成春天"吗?此言有理。再想一想:这是一句诗,文字上有若干省略,如果补足了:

一、看见一片落叶从树上掉下来,才发现树木开始落叶了,才联想到各地的树木都落叶了,那么,秋天来了。

这是一句诗,句法上可能故意颠倒,写成散文,也可能是:

二、秋天到了,树木开始落叶,我家窗前的梧桐,今晨掉下第一片叶子。

第一段散文是"万木落叶天下秋",是归纳;第二段散文是"天下秋而桐叶落",是演绎。

归纳、演绎并用,不但产生了好诗,也发展出一套"观人"的方法来。古代中国没有性向测验,没安全调查,一个人是否可用,几乎全凭掌权的人观察决定。观察者能从一些细微的行迹上推知人的大节。例如：

坠甑不顾

东汉孟敏在市场上买了一个煮食物用的瓦器，带着回家，半路上，瓦器掉在地上摔碎了。据说，孟敏照常行进，没有停下来回头看看，他说甑已碎了，回头看又有什么用？郭泰就凭这件事称赞孟敏，说他"果决"。坠甑是个别事件，"果决"是普遍原理，可以推知他处理别的问题也不会拖泥带水。然而坠甑的事件是个"孤例"，不宜凭"孤例"建立普遍原理，但中国流传"观人"的故事，凭"孤例"决定了许多人的职业或事业。

你可以想想计时的沙漏。它是一个X形的玻璃瓶，细沙从上端"归纳"在一起，通过一个小孔，缓缓地"演绎"下去。我们可以从它领悟议论文的思路。民间传说刘伯温、诸葛亮都能"前知五百年，后知五百年"，前知五百年是他归纳的功夫，后知五百年是演绎的功夫。我们没有那么大的能耐，但是，从许多个别事例找出普遍的原理，从普遍原理推知个别事实，这个能力我们多少有一点。因此，当我们面对议论文的题目时，应该不致有"怎么下笔"的苦恼。

我们来把韩文公的那篇文章稍稍改动一下，借它浮雕出"沙漏"的面貌：

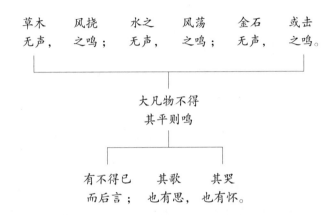

大作家并不故意遵依"沙漏"式的布局，他们是"以意运法，莫之为而为"，培根谈读书，也有一段话与此式暗合。他说：

> 历史能使人变得聪明，诗歌能使人增加想象力，数学能使人精确，自然哲学能使人思想深刻，伦理学能使

人态度庄重,逻辑学修辞学能使人擅长辞令。总之,读书能陶镕人们的个性。

这显然是归纳。下面又说:

读书还可以消除心理上的种种障碍,犹如适当的运动可以矫治某些身体上的疾病一样:滚球戏有助于肾脏的健康,射箭有助于胸部的发达,散步有助于胃肠的消化,骑马有助于头部的健康。所以一个人在心神散乱的时候,最好去学习数学,因为演算数学题目必须集中精神,否则便计算不出来。一个人如果对差异不易辨别,就要向那些演绎派的大师们去请教,因为这些人连毫发之微都能剖析出来。一个人如果心灵不敏,不能触类旁通,不妨去研究律师的案件……

"沙漏式"的布局,特别适合用于"回顾与前瞻""过去与未来"之类的题目,这种题目天然把内容分成两部分,前一部分可以用归纳法处理,后一部分可以用演绎法处理。例如,"联考制度的回顾与前瞻",在回顾的部分,你或者可以说，联考制度的建立，是因为要升学的人多，学校能容纳的人少，竞争激烈，公众要求考试公平，这才定出联考的办法，而且后来采用电脑阅卷。联考，和分配民众住宅抽签，都为了满足社会的公意，可以说是社会的产物。在展望未来时，你可以说，今后只要社会条件不变，只要升学的窄门照样拥挤，家长对考试还是那么紧张，教育机构对公众的批评还是那么戒惧敏感，联考制度大概要继续维持下去，不过在技术上会有改进，因为这种改进也符合公众的意愿。这篇文章前后两大部分，前归纳而后演绎，中间的枢纽是"制度存在于公意之上"。这当然不是什么高明的理论，但是你可以如时缴卷得分。你如另有更好的意见，也可以用这个布局。

四种写法的综合应用

综合

先看一篇短文,一面看,一面分辨哪些是记叙,哪些是描写,哪些是抒情。

我不懂庄子为什么说有至德的人从不做梦。孔子曾经梦见周公,诸葛亮曾经梦见伊尹,难道这两个人的人格还不能做我们的模范吗?我认为梦境可以使人的心灵更丰富。我一点也不羡慕庄子所说的至人。我想这篇文章的读者都有做梦的经验,只是不知道他们做过连续发展的梦没有?有一个梦,我反复做过许多次,每一次情节都有变化,极像是每周一次的电视剧集。

梦境是这样的:我站在一座黑色的山峰上,罩在苍茫灰暗的穹隆之下，只有头顶上一颗星发出神秘的光。我为摘星而来。但是任我像芭蕾舞表演那样竖直脚尖，拉长手臂，总还是差三寸两寸够不着，我想：等我长高一些再来吧。这么一想，我就醒了。

每隔几个月，我会走进梦境再努力一次。如果能摘一颗星放在衣袋里，当然是人生很大的成就。那星在天上诱惑我。那山峰也很凑趣，蓦地把我举高几丈——也许是几十丈。我高了很多，可是我的手离那颗星还差一截。任我怎样坚忍也是枉然。我总是在背脊出汗、肩膀酸痛中醒来。

在那一段日子里心情真是落寞，每次仰脸看天，就觉得天离地这么高就是为了使我空虚。有时仿佛是，醒里梦里，星已被别人摘走，恨不得能回到童年时代，滚在地上痛哭一场。但是我够不着的东西谁又能够着呢？我的身高是数一数二的，再说，到梦境的路并没有地图。

摘星的梦以后又做过几次，山峰一次比一次高，星离我仍然那样远。后来，那山峰实在太高了，使我发生了可能脱离地心引力的恐慌，我简直以为脚下踏的只是一团伸缩变化的黑气，或是一堆蒙蒙游离的灰尘。我想我是再也回不了家，再也不能悠悠醒转了。

我开始怕这个梦。如果这是个剧集，我希望关掉电视。可是由不得我，总有什么力量把我的灵魂一把抓起来丢在那若有若无的山上，而我也总是身不由己去攀那若即若离的星。

终于，有一次，我一下子把那星抱在怀里了。原来它有汽车的方向盘那么大，而且是撼不动搬不走的。出乎我意料之外，它清凉而有韧性，它的光，把我的手指照成透明的了，把我的须发照成透明的了，把我的心肺也照成透明的了，我成了一块水晶。附近的星星都伸出头围拢过来看，地上的人也仰起头来看，我已经和那颗星合并成一颗大星。

这篇文章有记叙，有议论，有描写，也有一点抒情。它究竟是一篇什么文章呢？它该属于哪一类呢？

这是一篇记叙文，记梦。但是它在叙述的时候加入了抒情，有几处它用描写代替了叙述。文章开头先发议论，结尾则是诉诸想象的描写。

议论、叙述、抒情、描写，四者综合。

纯粹的议论文，纯粹的记叙文，纯粹的抒情，或是纯粹的描写，在理论上有，在我们做练习的时候有，在我们写作的时候却是极少。我们经常把这四种写法综合使用。

拿前面那一篇文章来说，作者固然是在记梦，可是他对"做梦"这件事有自己的见解。他想把见解也写出来。他为什么不可以写出来？

他，记述那是怎样的一个梦，梦中有些细节非写得详细不能写出梦的特色，非放大了来写不能称心。要想写得历历如绘而不琐碎散漫，必得用描写的手法来处理。谁能禁止他这样做呢？

梦境是充满了感性的，梦中的喜怒哀乐会留到醒后久久不散，把梦境引起情感起伏写出来，不但使记叙更清楚明白，也给梦境增加深度和厚度。那么，为什么不写呢？既然写，为什么不用抒情的笔法呢？

记事、抒情、说理、写景，常常在文章里交织得十分细密。例如：

她流下眼泪。

这是记叙。在这句话后面紧接着:

泪珠在她眼睛里游走一圈,拉成一条晶莹,"啪"的一声在地板上跌碎了。

这是描写。若非描写,一滴眼泪不会这么重要,眼泪也不能"拉成一条晶莹"。下文是:

人性啊,你的名字是脆弱!一片落叶可以使我产生莫名的烦恼,一只蝴蝶可以给我无由的快乐。当前一滴眼泪则使我颤抖,好像面对灭世的洪水。世上有什么语言可以挽救我的失败呢?有什么行动可以改正我的错误呢?

这显然是抒情了。然后是说理:

事后回想起来,那场面并不值得惊心动魄。人都有一个幼稚期,然后渐渐老练起来,微风能折弯小草,不能摇动树枝。"老练"和"幼稚"常常互相讥讽,那倒也不必,只要老练而不麻木,幼稚而不冲动,两者都很可贵。

这一段虽是说理,却也用了一个比喻,以描写来帮助议论。

就以上的例子举一反三,我们不免要问:是否记叙、抒情、描写、议论可以不再划分了呢?是又不然。

尽管记叙可以和抒情、写景、议论综合运用,

> 那以记叙为主的,仍是记叙文;
> 那以议论为主的,仍是议论文;
> 那以写景为主的,仍是描写文;
> 那以抒情为主的,仍是抒情文。

通常,我们先考虑写什么题材,也就是采用生活中的哪一部分经验。如果由老师命题作文,他必定先考虑同学们有这个经验没有。他不可能要我们写《喜马拉雅山去来》。

有一个插曲。有一次,班上的作文题目是《我的哥哥》,一位女同学立刻举手发言:"我没有哥哥。"老师就问她:"你是不是希望有个哥哥呢?你有没有幻想过有个哥哥也很好呢?"答案是"有"。老师说:"写你幻想中的哥哥吧。"

幻想也是生活经验的一部分。

题材选定了,你得决定,这篇文章以记叙为主呢?以抒情为主呢?以描写为主呢?还是以议论为主?

有时候,出题目的人连这个也规定了。题目是《蔺相如完璧归赵论》,你大概就不能放手描写了。题目是《祭抗战八年死难的同胞》,你大概就不能"记事本末"了。题目是《垦丁公园游记》,你大概就不能宏论滔滔了。这倒也解决了问题。

不过也可能引起问题。像《植物园里的荷花》,原不止有一种可能。你可以写成《植荷》,以记叙为主;你可以写成《赏荷》,以描写为主;你可以惋惜残荷,以抒情为主;你可以写成《荷池对于景观之影响》,以议论为主。如果题目下面有括号,注明"记叙文",你就受到很大的限制。

倘若训练有素，几乎什么题目都可以作文。有一年，联考的作文题目没有印在试卷上，改为在考场中临时宣布，以防漏题，但是试卷上"作文"项下有一句话，注明"文言白话皆可"，这句话当然是加上括号的。有些考生临场紧张，没看见黑板上的作文题目，只看见试卷上的"文言白话皆可"，以为这就是作文题目，居然也写出满篇文章，真也难为了他。

又有一次，国文试卷上不印作文题目，临时在考场公布。办理试务的人希望考生作文时先把题目抄下来，不要一出手就是文章，因此在考卷上加注"把题目写在答案纸上"。试题和答案用纸是分开的，考生做出来的文章也是一种答案，这是试务人员的想法。但是有些考生忙中有错，以为"把题目写在答案纸上"是作文题目，居然也能写出好几百字的"答案"。

我当时觉得这事有趣，就去拜访几位阅卷老师，问他们可曾看到根据"把题目写在答案纸上"做出来的文章。有位老师说他看到一篇，写得还挺不错的呢。那篇文章写了些什么内容？阅卷老师想了一想说，内容大概是这样的：

有题目就有答案,有答案就有题目。这像是鸡生蛋、蛋生鸡一样,两者有因果关系。

是先有鸡还是先有蛋?也就是说,先有题目还是先有答案?我想,在命题委员心里是先有答案的,他心里先有了山涛、阮籍、嵇康、向秀、刘伶、阮咸、王戎的名单,再问竹林七贤是谁,看我们是否记得。但是对我们考生来说,却是先有题目,后有答案,我们是根据题目作答的。

不管谁先谁后,两者总是分不开的,没有答案,怎样出题目?没有题目,怎么作答?所以,在各门参考书里,题目和答案都是在一起的。如果只有答案,没有题目,答案又怎能算是答案呢?"整洁为强身之本"是个答案吗?我还以为是个作文题目呢。……

以上"答案",文字是我的,内容是人家的,虽然事隔多年,应该出入不大。这样的"答案"能得分吗?讲究"格律"的阅卷委员认为题目都不对,如何能成?"性灵派"的阅卷委员却说:"就文论文,应当给分!"

这也是一个插曲。

在正常的情形下，究竟抒情、记叙、描写，抑或议论，要看生活经验的内容。

"历险记"总该以记叙为主。你心爱的小狗死了，你为它营葬，自然以抒情为主。别人对你有不公平的批评，或者对你热爱的事物有不公正的批评，你动了感情，但是写文章辩驳仍须明明白白讲道理，不能只感叹呐喊，除非是有口难言。风景必须描写，如果记叙，风景是死的，如果议论或抒情超过描写，那不啻你站在一幅好画前面挡住了别人的视线，未免不智。

如果他埋葬了他心爱的狗，他要写一篇抒情文，他为何还要把记叙和描写"装配"进去呢？这因为文章除了整体效果还有局部效果。

抒情是这篇文章的整体效果。为了得到这效果，他可能要写出爱犬和他的亲密关系，例如蟑螂咬他的书，狗居然替他捉蟑螂。例如他夜晚迟归，狗总是在村外等着迎接，并且进了客厅就替他"拿"拖鞋。"亲密关系"是局部效果。想写出亲密关系，他得记叙。葬犬之日，他的心情应该沉重，心情沉重的人觉得风是凄风，雨是苦雨，如果那天天晴，他觉得连阳光都发黑，好像长了霉斑。他要把天气写得阴沉，这又是局部效果。要造成这个效果，他得描写。

有一位爱写作的年轻朋友对我说，他有一个题材。基隆某街有一座连一座的大楼，像长城一样挡住半边天，当然也挡住了风雨。大楼的"邻居"是一片空地，风雨总是掠过空地斜斜地扑到大楼的墙上。贴近大楼的墙根有一条窄小的水泥路。

这是场景。在这个场地上，有一件事情使那位年轻的朋友想写作。每天下午，附近的小学放学，总有一个老翁牵着一个学童从楼下的水泥小径上走过。这是一位老祖父来接他的孙子。

基隆几乎每天下午有雨，而且海港多风。大楼只能做这一边儿的屏障，另一边儿靠老祖父的一把伞。除了伞，还有他瘦弱的身体。他总是把孩子放在高楼和他的身体之间，由他做另一边儿的屏障。雨伞虽然在他手里，伞顶却总是偏到孩子头顶上。这样，细雨斜风就常常扑到他的身上，他的半个身子，自肩以下，总是湿的。

后来老翁得了严重的风湿病……

这个题材怎么写呢，写成一篇什么样的文章呢？当然不能以议论为主。记叙，如我上面所写，难免粗疏，笔到而意不到。

老祖父呵护小孩子是个令人心软的题材,两人年龄悬殊,孩子未来之日太长而祖父未来之日太短,恐怕孩子还没长大,祖父已经作古——写抒情文怎么样?

恐怕笔酣墨饱的抒情,因为作者是旁观者,不是局中人,虽然心中有情,笔下却只能点到为止,否则就是情感"泛滥",失去美感。

这个题材所以动人,是因为人物和环境配合起来。人物是一老一小,环境是高墙和空地。跟钢筋水泥的高墙相比,老翁何等孱弱,但是老翁担当的责任却和高墙相同:遮蔽风雨。看风雨在高墙上留下剥蚀痕迹,真是"人何以堪"!于是祖父身上就有了悲剧英雄的光辉。

这篇文章最好能把老人之老、幼童之幼、高墙之高、冷雨之冷都写出来,使之互相对映。这得描写。这该是一篇以描写为主的文章。

单单使读者"见到"了老人之老、幼童之幼、高墙之高、冷雨之冷,还是不够。作者得使读者"知道"这一老一幼的背景历史,每天出现的原因,此地因何多雨。或者也得使读者"知道"路有多长,那把伞用了几年,修补过几次。

要读者"知道"这些,得用叙述。这是此文的局部效果。

如此动人心弦的题材,倘若作者只是让我们"知道"和"见到",而不展露他内心的感应,他未免太冷静了。作者要节制,但是冷静则是过于节制。过于节制可能导致读者冷感,削弱了文章的整体效果。

作者是内心先有了激动,才想写这篇文章。作者要在叙述描写之中选几个地方做自己情感的出口。他得抒情。抒情的文句也许只需要三句两句,就把自己的心打开了,也把读者的心打开了,读者在"知道""见到"之外又"感到"许多。这是另一种局部效果。

  局部效果加强了整体效果。读者在"知道"和"感到"的帮助之下,对"见到"的环境和人物,就印象深刻,久久不忘。

同理,在"见到"和"知道"的帮助之下,我们的"感到"可能刻骨铭心。

在"见到"和"感到"的帮助之下,我们所"知道"的就更确切更真实。

综合各种局部效果,"立方"似的形成整体效果,苏轼的《前赤壁赋》堪称杰作。这篇文章不但记叙、抒情、描写、议论皆备,还加进去诗歌。它首先是叙述:

壬戌之秋,七月既望,苏子与客,泛舟游于赤壁之下。

然后是描写:

清风徐来,水波不兴。

然后是叙述:

举酒属客,诵明月之诗,歌窈窕之章。

然后是描写:

少焉,月出于东山之上,徘徊于斗牛之间,白露横江,水光接天,纵一苇之所如,凌万顷之茫然。浩浩乎如冯虚御风而不知其所止,飘飘乎如遗世独立羽化而登仙。

然后是叙述：

　　于是饮酒乐甚，扣舷而歌之。歌曰：

然后是诗歌：

　　桂棹兮兰桨，击空明兮溯流光，渺渺兮予怀，望美人兮天一方。

然后是叙述：

　　客有吹洞箫者，倚歌而和之。

然后是描写：

　　其声呜呜然，如怨如慕，如泣如诉，余音袅袅，不绝如缕。舞幽壑之潜蛟，泣孤舟之嫠妇。

然后是叙述：

苏子愀然，正襟危坐，而问客曰："何为其然也？"客曰：

然后是议论，议论之中有叙述，用叙述帮助议论，又用描写帮助叙述：

"月明星稀，乌鹊南飞。"此非曹孟德之诗乎？西望夏口，东望武昌，山川相缪，郁乎苍苍，此非孟德之困于周郎者乎？方其破荆州，下江陵，顺流而东也，舳舻千里，旌旗蔽空，酾酒临江，横槊赋诗，固一世之雄也，而今安在哉！

继续议论，用描写帮助议论：

况吾与子渔樵于江渚之上，侣鱼虾而友麋鹿，驾一叶之扁舟，举匏樽以相属，寄蜉蝣于天地，渺沧海之一粟。

继续议论，用抒情帮助议论：

哀吾生之须臾,羡长江之无穷,挟飞仙以遨游,抱明月而长终。知不可乎骤得,托遗响于悲风。

下面是议论:

苏子曰:客亦知夫水与月乎?逝者如斯,而未尝往也;盈虚者如彼,而卒莫消长也。盖将自其变者而观之,则天地曾不能以一瞬,自其不变者而观之,则物与我皆无尽也,而又何羡乎!且夫天地之间,物各有主,苟非吾之所有,虽一毫而莫取。

下面用叙述帮助议论:

唯江上之清风,与山间之明月,耳得之而为声,目遇之而成色,取之无尽,用之不竭。

继续议论:

是造物者之无尽藏也,而吾与子之所共适。

下面是叙述,并且用描写帮助叙述:

> 客喜而笑,洗盏更酌,肴核既尽,杯盘狼籍。相与枕藉乎舟中,不知东方之既白。

我们可以仔细观摩这篇文章。其中以描写、叙述、抒情来帮助议论,尤其值得注意。

议论文是要使人想,使人信。

把记叙、描写、抒情融入议论,可以增加说服的力量。

议论文的骨干是一"条"普遍原理(有一种议论文只推翻别人提出的普遍原理,只攻破别人的主张,自己并不建立什么。作文课堂上大概不写这类文章)。凡是"普遍原理",其中都包含若干同类的具体事实。"我吃了一条红烧鱼",这句话里头只有一条鱼,再也容不下别的鱼,这是一道菜,不包含第二道菜。这句话不是普遍原理。

我们不但吃红烧鱼,还吃糖醋鱼,还吃豆瓣鱼,还吃炸鲫鱼、煎带鱼、清炖鲤鱼、清炒银鱼。烧、炸、炖、煎、炒,是五件事。把这五件事纳入一个名词,就是"烹调"。动词升高成为烹调,名词也跟着升高为"海鲜"。海鲜不但包括各种鱼,还包括虾、干贝、鲍鱼、蛤蜊、九孔。

这样一来,整个句子的结构大起变化,句首的"我"字也跟着升高,变成"人人"。海鲜、烹调、人人,都够抽象了,都包含许多东西在内。"普遍原理"看看就要产生了,万事俱备,只欠东风。东风是,你在你的句子里下了判断,表示出是与非、对与错来。它可以判断许多事情。别人听到你的判断,举一反三,又可以用它判断其他同类的事情。

叙述、描写、抒情的句子通常不下判断。竹林七贤之一的阮籍,生逢乱世,唯恐说话得罪了人,就从来不说下判断的句子。据推想,他只叙述、描写或抒情,不发议论,免得要负起是非对错的责任。

如果就海鲜、烹调和"人人"之间的关系下一判断,可以写成"烹调可使海鲜成为美味"。这就包含了食谱上记载的许多事情,并且可以推知一般食谱上没有载明的若干事情。这句话可以算一条"普遍原理"。但是世上有些人不喜欢吃海鲜,他们可能讨厌这句话。

所以"普遍原理"也发生赞成与反对的问题。

"人总是不满现实的。"这话有没有包括若干具体事实呢？有。某甲总是对他的学校不满，虽然别人认为他的学校已经不错了；某乙总是对他的家庭不满，虽然别人认为他的家庭已经不错了；某丙总是对他的职业不满，虽然别人认为他的职业已经不错了……

"人总是不满现实的"，人永远觉得他少一间房子，少一套衣服，存款的数字后面少一个零，小数点最好向后挪一挪。这话含有许多个别事实。但是没有下判断。如果下判断，可能有两种说法：

人有权利对现实不满。

人该知足，以免自寻烦恼。

这两种看法是互相排斥的。所以，写议论文的人常常互相辩论。

很可能，有人读了"人有权利不满现实"，想想很有道理，渐渐变成不满现实的人了。另外有人读到"人该知足，以免自寻烦恼"，想想很有道理，就变成一个知足的人。所以说，议论文使人想，使人信。

在《前赤壁赋》里面，"客"和苏子各有其对人生的看法,"客"认为人生无常,英雄豪杰到最后也是消失得无影无踪,何况一般人?生命有什么意义呢?苏子则认为大自然的美是永恒的,是丰富的,回归自然的人,有永恒的美感和丰富的生命。苏子的一番议论,使"客"改变了沉重的心情。

也许我们应该把"客"和"苏子"两人的意见连贯合并起来看。"客"是苏子的化身,反面意见的代言人。整个的意思是苏子看透了人生,要放弃名利,寄情山水,以大自然为心灵的归宿。

请注意:《前赤壁赋》的整体效果乃是抒情,其中的议论情见乎词,真是"笔锋常带情感"。写景则情景交融,无法区分。这篇文章叙事十分简明,如豆之棚,如瓜之架。作者写到最精彩处,他的"理"时时随着写景抒情透露出来,许多句子是情、景、理三者交融。这是一种复杂的合奏。乐器虽然有好几种,但"曲式"是统一的,也就是说,无论抒情写景叙事说理,都用"赋"的句法,在"赋"的形式之中,大家是和谐一致的。

我想目前我们没有这个本领。不过我们得到的启示可以马上实行,那就是,以抒情为主的文章,其中的议论必须能帮助抒情而不扰乱、打断抒情。目前最"安全"的办法是,使用议论帮助抒情时,说理的句子要少,以防喧宾夺主。苏东坡才有办法写那么多,他是大文豪。同理:

用抒情帮助议论时,抒情的句子要少;

用记叙帮助议论时,记叙的句子要少;

用描写帮助议论时,描写的句子要少。

加以归纳,似乎可以得到一条"普遍原理"。

虽然很少,效果却可能很好。

公园里的草地是风景,是公共的财产,你"不该"去践踏它。这是议论。倘若接着描写草地是那么新鲜,那么清洁,那么柔软,也许使你更"不愿"踏它。由于"不愿",你会更加相信"不该"。

春天,有些孩子爬上树去捉那在巢中嗷嗷待哺的雏,又多半不能好好地喂养,只是拿来玩弄一番。在他们手里,"雏"是活不长的。这一年,我们的树林里少了许多羽毛明亮的鸟。少了许多鸣声婉转的鸟。少了许多辛勤捕食害虫的鸟。这是大自然的损失,也是人类的损失。那些孩子实在"不该"这样做。倘若接着写,这也是鸟的损失,是"雏"的父母无可补偿的惨痛损失。他们丧失了心爱的子女。你用抒情的笔法去写老鸟的痛苦。那些孩子不仅"不该",更是"不忍"那么做了,而"不忍"使他们更相信"不该"。

下面找一个实例,察看议论文综合使用各种写法的情形。这个例子比较平易。它的写法是,先标出"普遍原理"来:

> 睦邻可以得到好邻居,好邻居使我们安宁快乐。

然后引用已经得到众人信服的"名言",支持此一"原理":

> 所谓睦亲睦邻,所谓远亲不如近邻,是中华民族在悠久的历史里凝聚而得的智慧。

此处所谓"凝聚",就是归纳。下面的写法是用反面的材料支持正面的原理,写出不睦邻的结果:

倘若邻居不能和睦相处，会是什么样的情形呢？有一位太太说，她有经验。

下面叙述事实：

她说，她家的客厅一向很干净。有一天，她从外面回来，满屋子都是油烟，呛得她马上咳嗽起来。怪了，油烟是从哪里来的？仔细一研究，原来后面的邻居在厨房里装了一架抽风机，对准她家的窗子吹，把厨房里的油烟都吹到这边来了。她想，这成什么话呀，你会装抽风机，我不会吗？她马上也装了，尺寸比他的大，马力比他的强，开动以后声音也比他的响。每天做饭的时候，两家对着吹。你吹得我家墙上的字画"哗啦""哗啦"响，我吹得你家的锅碗"叮当""叮当"响，天天过日子像打仗。

下面就这一段叙述，以反问的语气作一评断：

这样一来，两个家庭还能安宁吗？还能快乐吗？

下面以抒情帮助评断，以比喻帮助抒情：

一墙之隔的两家人，彼此暗算，彼此讨厌，那种日子是很痛苦的。为此，人要做多少噩梦？要有多少心烦意乱的日子？心里装满了愤恨，跟自己的家人要增加多少争吵？肉里插进一根刺的人，是要失去了正常的感觉的啊！

下面从正面发挥议论：

睦邻之道，千头万绪，但纲领只有四个字，就是"自爱爱人"。在这个原则下彼此相处，积极的一面可以互相合作，守望相助；消极的一面可以消除误会，避免纠纷。彼此和气，彼此热心，彼此有善意，谁也不紧张。

下面用描写帮助议论：

谁都希望他的隔墙是一瓶鲜花而不是一颗炸弹，谁都希望他的屋顶上是一个天使而不是一个魔鬼。

下面用诗句支持描写,再用描写支持议论:

"肯与邻翁相对饮,隔篱呼取尽余杯。""岂独终身数相见,子孙犹作隔墙人。"这样的诗,谁读了也要神往心动的。

下面回到议论:

所以,要记住:好邻居是我们美满生活的一部分。搬家之前,用心选择好邻居,搬家之后,用心创造好邻居。

附录

（一）希望你来做

下面有十组习题，希望你自动做一遍，测验一下自己的作文能力。

习题 第一组

本组由二十个句子组成。这些句子的功能并不完全一样，有记叙，有抒情，有描写，有议论（判断）。我们用①代表记叙，用②代表抒情，用③代表描写，用④代表议论。你如果认为某个句子是记叙，就在句子末尾的括弧里写上①，其余类推。

一、她把头发剪短了。……………………………………（　）
二、山上青一块紫一块的，是各种树林。………………（　）
三、父母管教越严，子女的品行越好。…………………（　）

四、黑白照片比彩色照片更有艺术价值。……………（ ）

五、印刷精美的杂志必定有精彩的内容。……………（ ）

六、冷气机发出枪声炮声对夏季作战。………………（ ）

七、下午，大楼的阴影正好落在街心，把马路分成两半，一半是阴间，一半是阳世。………………………（ ）

八、他作画时用色毫不客气，给你的都是惊红骇绿。
…………………………………………………………（ ）

九、他搬到乡下去住，没装电话，也不买电视机，说是要好好地清净几天。………………………………（ ）

十、她挤公共汽车出去，却坐了乌亮的小汽车回来，问她是怎么回事，她不肯说。………………………（ ）

十一、夏天的雨声一向嘈杂，更何况是落在一片荷叶上，想不心烦意乱也难。……………………………（ ）

十二、这条路上车很多，每一辆都像是对准他行凶而来，开得飞快。…………………………………………（ ）

十三、在台北住了六年，从未上过阳明山。…………（ ）

十四、初来台北那天，在天桥上看一街人车忙得不沾地，只觉有一股浮动之气上升，冲得天桥摇摇摆摆，头脑立时昏沉起来。这教我怎么住得惯。……………（ ）

十五、一个好作家,他的热情超过冷静;一个好记者,他的冷静超过热情。..................................( )

十六、有好的人品才有好的作品。..................( )

十七、曹操写的一首四言诗,从《诗经》里头"抄"了许多句子进去。..................................( )

十八、那句话,那句最悦耳动听的话,藏在我的心里已经十年了。我一直没有说出来。真后悔啊!现在已无须再说,因为已经太晚了。..................( )

十九、如果能由我选择,让我变成岩石缝里的一棵山花吧。..( )

二十、燕子你说的什么话?教我如何不想她!..........( )

· 以上每题一分 ·

习题 第二组

本组由十个句子组成,每个句子都缺一个词,但是附有四个词候选抵补。请你选一个,把它的号码写进句子末尾的括弧里。

一、树林里的小径密叶□天,像一条隧道。
　　①遮　　②盖　　③连　　④满..................( )

二、月亮躲在云里□□，迟迟不肯出来。

　　①睡觉　　②化妆　　③偷看　　④打坐............（　）

三、夕阳的斜晖□在草坪上。

　　①洒　　②照　　③射　　④扫 ....（　）

四、热气腾腾的晚餐端上来，是一家人最□□的时候。

　　①饥饿　　②高兴　　③温暖　　④安静............（　）

五、为了准备联考，整天躲在房里读西洋史地，偶然到阳台上收衣服，抬眼望见大屯山，竟是十分□□。

　　①陌生　　②遥遥　　③美丽　　④矮小............（　）

六、快乐的人喝□□忘了加糖，滋味也是甜的。

　　①清水　　②药水　　③牛奶　　④稀饭............（　）

七、他的心情太兴奋了，这时候喝冷水也会□。

　　①渴　　②甜　　③醉　　④饱 ....（　）

八、今天天蓝，天高，天广地阔，我想□。

　　①飞　　②唱　　③睡　　④跑 ....（　）

九、流着泪扬着脸走出去，多□□！

　　①难看　　②匆忙　　③羞愧　　④勇敢............（　）

十、人若常常为了过去的失败而伤心，容易变成悲观的人物，看什么都是□□的。

①伤心　②灰心　③悲哀　④失败…………(　)

·以上每题一分·

习题　第三组

本组由十个比喻和十段文字组成。请你替每段文字找一个比喻,在那一段文字末尾写上那个比喻的编号。

十个比喻是:

1. 湖是地上的一块天。

2. 湖是晚霞的镜子。

3. 湖是一个险恶的陷阱。

4. 湖是一张水彩画。

5. 湖是一只焦急的眼,睁开望天,永不闭合。

6. 湖是大地的疮疤。

7. 湖是星星的摄影机。

8. 湖是山的一杯饮料。

9. 湖是青蛙的海。

10. 湖是风的运动场。

十段文字是:

一、湖心深处，一尘不染，此身简直羽化登仙，不知是人间还是天上。..............................( )

二、晚霞究竟多美，只有湖水知道。..........................( )

三、湖里头有山，有树，有人影。............................( )

四、经过风浪的人，看见平静柔美的湖面，会想起一失足成千古恨。..............................( )

五、心情坏透了的时候，看什么都不顺眼。有时候简直以为云是天上的垃圾。..............................( )

六、湖并不清闲，整夜为繁星工作。..........................( )

七、又失眠了，数到一万只羊也没有睡意，心里只想羊群该在湖边。..............................( )

八、风在湖面上做什么？溜冰吗？跳舞吗？................( )

九、山巍然独坐，沉思，等待灵感。湖在它鼻尖下散发着清香。..............................( )

十、青蛙咽咽地叫，宣布它发现了大西洋。................( )

· 以上每题一分 ·

习题 第四组

本组习题由五个成语和五段文字组成，请你替每段文字找一个合用的成语，把那个成语写进文字之内。

五个成语：

1. 劣币驱逐良币。

2. 前人种树，后人乘凉。

3. 乘兴而来，尽兴而返。

4. 无欲则刚。

5. 二鸟在林不如一鸟在手。

五段文字：

一、小巷里，书摊上，昏黄的灯光下，成群的儿童埋头看小人儿书。他们为什么不去看那些内容纯正的儿童读物呢？答案是："□□"，中外皆然。

二、有些集会，听起来名称很好，到场参加才知道空洞乏味。可是既然来了，就不能学古人"□□"，做人不能那样任性。

三、我们的图书馆本来没装冷气。去年，我们的馆长升了官，临走的时候说："我要替图书馆做一件事情。"他做的事情就是"□□",今年夏天我们有冷气了。

四、昨天听到一个笑话,想起"□□"的道理。有一个老板常常说笑话给伙计们听,他的笑话并不精彩,伙计们为了礼貌,只好装作很爱听的样子。有一次,老板又讲了一个枯燥无味的笑话,听众故意哈哈大笑,独有一个伙计没有表情。别人问他为什么不笑,他说:"我用不着再笑,我刚才已经辞职了。"

五、如果我想看花,就到公园里去走走。花店里的花总是缺少生气。插在花瓶里的花更不好,一副朝不保夕岌岌可危的样子。我不大相信"□□",我喜欢众鸟在林。

· 以上每题一分 ·

习题 第五组

本组习题由五句诗和五段文字组成,请你把诗分配到文字中去。

五句诗:

1. 惜花常恐花开早
2. 衣带渐宽终不悔

3. 风吹草低见牛羊

4. 千江有水千江月

5. 惹得诗人说到今

五段文字：

一、陈圆圆不过是个美丽的女子罢了，不幸扯上吴三桂，更不幸的是又扯上李自成，竟像是要对历史发展、朝代兴亡负责，成了文人舞文弄墨的好题目。"□□"，再也得不到安宁清静。

二、有些父母太爱他们的孩子，对孩子的期望太高，要九岁的孩子像十九岁那么懂事。孩子在压力下早熟了，也忧郁了。这些父母怎么没读过"□□"？花开得早也谢得早啊！

三、千万不要欺弄年轻人。不错，年轻人的世故经验太少，上了当还不知道，可是年轻人会长大的，世故经验会增加的，眼前的雾会廓清的。有一天"□□"，你的居心、你的障眼法都水落石出，他恍然大悟，到那时你怎么办？

四、每一个人都有他的收获，都有他的幸福。"□□"，人生就是这么丰富，这么壮丽。

五、为理想奋斗的人是要受苦的,是要经过许多挫折坎坷的。这种人有"□□"的精神,无论怎样也不放弃自己的目标。

· 以上每题一分 ·

习题 第六组

本组由五段记叙文字和五段抒情文字组成。我们希望记叙之后继以抒情,请你选择安排一下。你认为哪一段抒情文字可以和哪一段记叙文字连成一片,请把抒情文字的编号写在记叙文字的下面。

五段记叙:

一、那些日子,看完了末场电影还填不满自己,站在街灯下,看不尽来往的行人。…………………………………( )

二、离家不远了。汽车沿着海岸走,一路上海浪拍打着礁石,卷起白色的花边。那些打瞌睡的乘客都醒来了,个个睁大了眼睛看窗外,露出目的已达的自信,没有谁理睬他。…………………………………………( )

三、联考前一个月,全心全意钻进书本里去,好孤单,好

(一)希望你来做

冷。尤其是深夜从补习班放学回家的时候。……(　)

四、他们劝他出去旅行散心,他只有苦笑。别人都不知道他刚刚旅行回来!……………………………………(　)

五、他写了一首诗。他觉得单单一首诗还不能表露他的心情,就在诗后写了几行附记。他觉得需要共鸣,又写了一封信,把诗寄给他的朋友。可是信寄出去,如同石沉大海。………………………………………………(　)

五段抒情的文字:

1. 整个人像一堆沉重的铅字,那些字全是:寂寞寂寞寂寞!

2. 这就好比想解渴,喝了一肚子咸水。

3. 我是一个搜集什么的人,到头来发现丢掉的多,捡到的少。

4. 礁石永远那么干燥,海水永远浸不透它。他的心就是礁石,礁石就是他的心。

5. 栏杆啊,只有你,只有你多情,一直站在那儿等我!

· 以上每题一分 ·

习题 第七组

本组由五段抒情文字和五段议论文字合成。抒情是情感的活动,议论是理智的活动,情感的活动往往引起理智的活动,所以文章中常常抒情之后接着议论。现在请你决定哪一段议论应该接在哪一段抒情后面。用填入数码来表示。

五段抒情文字:

一、有时候,我早晨醒来,有一阵轻微的战栗,好像听到一声严厉的呵斥,说光阴是无情的,无情的一天又来了,而且,无情的一天也要去了。怎么办呢?我能怎么办呢?……………………………………………………( )

二、朋友对我说,从前有一个人常用皮鞭抽打自己的影子,提高自己对生命的警惕。我马上像挨了鞭子悚然一惊。别去鞭打影子了,下手鞭打我自己吧,打吧,打吧,朝着我的怠惰下手吧。……………………………( )

三、朋友啊,你为什么贪图逸乐呢?那也许是你的特权,我还是格外勤奋吧。朋友啊,你为什么傲慢呢?那也许是你的性情,我还是尽量虚心吧。………………( )

四、我想:要是年光能够倒流,有多好!可是,继而一想,

为什么要稻米再回到秧苗呢？为什么要大楼再回到废土呢？为什么要油画再回到白布呢？……………（ ）

五、耕耘，我觉得快乐；收获，我觉得快乐；享用果实，我觉得快乐；再播种，我也觉得快乐。光阴啊，你并没有消逝，你是化身成为快乐了。………………（ ）

五段议论文字：

1. "时间"和"精神"都不能储存。我们对天赐的这两样礼物必须善加利用，使它在消失之前留下成就。这好像你不能用网去舀起波浪，却可以用水力推动石磨，把小麦磨成面粉。

2. 朋友并不是和我们完全一样的人，朋友和我们只是在某一点上相近。不要希望朋友和我们处处相同，也不要立志和朋友完全一样。

3. 蝴蝶是只贪眼前享乐的花花公子，不到冬天就死了，蜜蜂和松鼠有长远打算，所以都活到第二年春天。大自然是有报应的。

4. 人生最重要的是工作与爱心，为爱而工作的人也将为他人所爱。

5. 一个人的思想就是他的命运。有乐观的思想，他就快乐；有积极的思想，他就有成就；有中和平正的思想，他就安宁。

· 以上每题一分 ·

习题 第八组

本组先列出五条"原理"，后列出五件"事实"。每一条"原理"可以推知一件"事实"，两者有演绎的关系。到底哪一条原理和哪一件事实有这种关系呢？请填入数码加以标明。

五条"原理"：

一、大宣传家、大文学家用字修辞常常独出心裁，打破常规。这样可以使文句有特殊的魅力。...............（　）

二、"推论"的使用有其限度。过度使用推论，得不到正确的结果。...（　）

三、科学知识的优点是正确，科学仪器的优点是精密。
....（　）

四、有趣未必有益，有益未必有趣。.............................（　）

五、人生有许多巧合，它是孤立的，偶然的，并没有什么意义。...（　）

五件事实：

1. 卡通片里的人物总是在打架,或者你陷害我、我陷害你。他们可以把对方像打桩一样打进地下去,或是开压路机把对方碾成一张纸。种种夸张的手法很有趣,但是也很可怕,对儿童的身心有坏影响。

2. 美国总统肯尼迪遇刺身亡,林肯总统也是。肯尼迪被刺客用枪击中后脑,林肯也是。两位总统逝世后,继位的人都叫詹森。两件行刺的案子都在星期五发生。事有凑巧而已。

3. 十个工人可以用三十个工作天盖好一间屋子。二十个工人可以十五个工作天完工。那么,四十个工人只要七天半?四千名工人只要两小时?

4. 印第安人若是迷路,就抓一把土向空中撒去,尘土往哪个方向飞,他们往哪个方向走。他们能从阿拉斯加走到秘鲁,但是他们不知道踩着赤道到了南半球。

5. 耶稣说:"一粒麦子,若不落在地里死了,仍旧是一粒,倘若死了,就结出许多子粒来。"这句话很动人。事实上种子要活着,要醒过来,才破土出芽,但是,实话直说就没有那么大的力量了。

· 以上每题二分 ·

习题 第九组

本组先列举十件事，再列出五条原理。请你看看哪一条原理是哪几件事实归纳出来的，把事实的编号写在原理下面。请注意：一件事实可以入选两次三次，你可以按需要组合。

十件事实如下：

1. 从前的人以为天是包在地外面的一层蛋壳。但是经过一代一代的天文学家研究之后，发现地球仅是太阳系里的一颗星，太阳系不过是银河系里一个系。宇宙间大约有一百万个银河系，而这一百万个银河系仅仅是宇宙的一部分。

2. 玄奘（《西游记》里的唐僧）为了"取经"，经过沙漠，越过高山，在印度学习梵文，研究佛典，花了十七年的工夫。他回到中国以后，又用二十年的精力把佛经译成中文。

3. 到现在还有人以为吃生鸡蛋滋补身体，其实生鸡蛋比煮熟了的蛋难以消化，而且蛋里有许多病菌。

4. 石油公司用很高的薪水从国外请来一位专家,他的专长是研究油怎样从油管流出去。有人问他:"这总不会太难吧?"他冷冷地回答:"不很难,我只学了七年。"

5. 中国古代的外科医生,要把自己的胳臂砸断,再替自己治好,然后正式行医。他没想到用动物做试验。第一个使用麻醉药的医生是东汉的华佗,他的药方传到日本,有个日本医生用自己的女儿做实验,加以改良。他的女儿竟得了神经错乱的病,疯了。

6. "锯"是中国的鲁班在两千年前发明的,他是一位木匠。有一天,他上山采木,被锯齿形的草叶割破了手,想到制造一种类似的工具来伐树。现在,锯用电力发动,电锯一个小时的工作量,抵得上从前伐木工人一百小时。锯的种类也多了,有的能锯开石板,有的能锯断钢铁。

7. 阿拉伯商人在沙漠里烧火做饭,从灰烬里发现一些透明的硬块,使科学家得到灵感,找到了做玻璃的原料和方法。现在的玻璃工业规模很大,有些产品美如水晶,有些产品的硬度可以防弹。

8. 养蚕是中国农家的副业,把蚕结成的茧煮熟了铺在席子上捣烂，可以制成丝绵。丝绵取下来之后，席子上还有一层薄膜，可以揭下来，晒干，包东西用。中国人因此发明了纸。这是两千年前的事。两千年后的今天，纸用机器大量制造，有些新产品不但可以做成防水的雨衣，也可以包得住火。

9. 到非洲的部落里去研究原始社会，往往有生命危险。那些野蛮的民族把社会学者当作危险人物，可能不分青红皂白地加以杀害。美国有一位女学士，为了研究学问方便，嫁给一个酋长。

10. 所谓"流星""陨星"并不是星，只是在太空中活动的一些"物质"。它们的体积不大，对地球没有大害。倘若真有一颗星撞到地球上来，那还得了！

下面是五条"原理"。请看前面十件事实怎样组合，可以归纳得到这些原理。举例：如果你认为第1、第3、第10三件事实可以归纳得到第四条原理，就在第四条原理末尾的括弧里注明1、3、10三个号码。

一、偶然的发现可以导致重要的发明，但"偶然"只能开始，不能完成。

二、一项发明在刚刚发明出来的时候总是充满了缺点，必须经过不断的改进。

三、学术上的成就从勤苦中得来，从牺牲中得来，不从侥幸中得来。

四、流行的常识里有许多错误。

五、每一种学问都有博大精深之处。

· 以上每题二分 ·

习题 第十组

本组由五篇短文合成，每篇短文都分成好几段，但是段落都弄乱了，需要整理。请细读各段文字，重新排列它们的顺序。新次序用数码表示，例如你认为第一段应该是第四段，就在第一段末尾的括弧内写4。

第一篇短文：

1. 山腰有杉木林和桧木林，是温带的树林。…………（ ）
2. 登上山顶，除了云海，什么也看不见，因为我们已在云层之上。……………………………………………（ ）
3. 此次登山，一天之内看遍热带林、温带林和寒带林，真是难得的经验。………………………………………（ ）

4. 山下有许多椰子和凤凰木,都是亚热带的植物。( )

5. 我们在山顶上不敢大声说话,唯恐神仙偷听。....( )

6. 山顶上到处是参天的松柏,那是热带的树林。....( )

7. 我想,"不畏浮云遮望眼,只缘身在最高层",写这两句诗的人大概没登过高山。我们正因为站得太高,才被浮云把视线遮住了。..................................( )

第二篇短文:

1. 当年跟他一同考军校的人,出了几个将军。........( )

2. 一件很小的事情往往可以改变人的一生。............( )

3. 岳雅轩常说,如果 Yb 是一种液体,他现在也做将军了。..( )

4. 岳雅轩是个大商人。..( )

5. 他十八岁那年去考军校,他的化学成绩太差,连元素的名称都记不清楚,以致名落孙山。....................( )

第三篇短文:

1. 通常,我们对许多人许多事都是不注意的,无所谓的。..( )

2. 有些人,我们最多只能说是讨厌他,不是恨,更不是"彻底的恨"。..( )

3. 有人说，做人要爱恨分明，不是彻底的恨，就是无保留的爱。……………………………………………（ ）
4. 有些人，我们不过是怜惜他，同情他，不是爱，更不是无保留的爱。………………………………（ ）
5. 能使我们极爱极恨的人很少，通常是没有。一旦出现了这样的人，那是在我们的生命里出现了大事。（ ）
6. 我们由"注意"产生好感，比"好感"更进一层是喜欢，比"喜欢"更进一层是怜惜。或者由"注意"而没有好感，而不喜欢，而厌恶。……………………………………（ ）

第四篇短文：

1. 春泥是软的，是甜的。……………………（ ）
2. 春风春雨里充满了花草的香气，春泥也带着清香。
 ……………………………………………（ ）
3. 在温柔的星光下，燕子说："今夜我们可以好好地睡一觉了。"……………………………………（ ）
4. 夜是那么静，风是那么轻。………………（ ）
5. 新婚的燕子还没有家，它们决定在古寺的檐下筑一个巢。它们用小巧的嘴，针尖挑土似的，把春泥衔上去。………………………………………（ ）

6. 燕子说："这是我们自己的家，我们不羡慕别人的雕梁画栋。" ……………………………………………（ ）

7. 一连忙碌了几天，新巢完工了。…………………（ ）

第五篇短文：

1. 乡也要爱，国也要爱。这并不是做和事佬，而是把两个观念合而为一才完整。…………………………（ ）

2. 爱乡不但要爱国，甚至要爱世界。当大气层充满了原子尘的时候，当海洋里充满化学毒素的时候，我们的乡也要受害。……………………………………（ ）

3. 应该爱乡呢，还是爱国？…………………………（ ）

4. 乡是蛋黄，国是蛋白蛋壳。你不能不保护蛋壳，你得为整个蛋着想。………………………………（ ）

5. 有人说爱国是一句空话。其实只要心里有爱，行为和想法一致，"爱世界"也能落实，否则，对太太说"我爱你"也可能是句空话。……………………………（ ）

· 以上每篇短文占四分 ·

十组习题，总成绩一百分。

你不妨做做看,做好了,自己批改,自己统计分数。如能得到八十分以上,就是作文的高手。

做完了这些习题,可能使你对作文方法有新的领悟,从此穷千里目、上一层楼。这些题目不设标准答案。有些题目选答案可以有两种选法。

（二）声音

我们用文字写文章，文字有三个要素：字形、字音、字义。我们的文字训练一向偏重字形，笔画要正确，形状要好看。想想看，小时候认字，对"戊戌戍"三个字费了多少工夫，对"己已巳"三个字又下了多少工夫，老师特别教我们写"飞为家"三个字，认为这三个字的形状最难掌握，赶快征服它，以后写字可以减少困难。不许写错字，就是鼓励依赖字形；不许写别字，就是禁止依赖字音。所以，不知不觉，我们在使用文字的时候，都是有字无音的人。

我们看书，用视觉接受文字的传播。但是，有时候，我们也用听觉接受传播，例如听广播，这时候，字音就比字形重要。我们固然知道同是一个"恶"字，"恶劣"和"可恶"

听起来不同；同是一个"差"字，"差到"和"差遣"听起来不同。仅仅如此还是不够，为了提高警觉，赵元任教授写过一段话，"石室诗士施氏，嗜狮，誓食十狮。施氏时时适市视狮"，每一个字都正确，每一句都听不懂。我们可以仿效他的办法，也写一段话，"黏清仁，垓赌输的石厚堵疏，垓油系的拾后犹细"，每一个字都错了，但是念出来听得懂。

主持广播节目的人对声音特别敏感，也特别知道怎样使用声音的长处，避开它的短处。广播节目以有声音的题材为先，下雨比下雪好，吵嘴比打架好，打电话比写信好，过年放爆竹比贴对联重要，端午节龙舟竞渡比包粽子重要。中国第一部广播剧《笙箫缘》，1936年在南京的中央广播电台播出，男女主角都是音乐家，不是画家。

算术题有鸡兔同笼，鸡有两条腿，兔子四条腿，鸡腿加上兔腿，你用2除不尽，你用4也除不尽，到底笼子里有多少鸡、多少兔子？这个题目为了诉诸听觉，另外有个说法：隔壁听得人分银，不知道人数不知道银，只听得每人四两多四两，每人半斤少半斤。从这里可以窥见一些诀窍，他把项目简化了，不分鸡兔，只有银子。他也把情况生活化了，鸡兔怎么会同笼，勉强把鸡兔关在一个笼子里，要孩子计算鸡腿兔腿,有些可笑,几个人平分金钱分不均匀,就比较有趣味,引人注意关心。还有,他用韵文,朗朗上口,适合诵念,容易记忆。

你也许说,我并不打算去主持广播节目。好了,言归正传,你总要打电话吧,总要跟人家讨论问题吧,也许要参加演讲比赛吧。在这个数字传播的时代,人人可能忽然成为新闻人物,那时麦克风、开末拉都送到你面前来,你及早储备一点能力,吸收一点观念吧。

有一位学者研究戏剧的台词,发现咱们的语言有个缺点,很多话听不清楚,他说这个缺点可能是单音字造成的。他没有举例,我倒当场想到一个例子,我说不要,除非你当面看见我的口型,你八成听反了,上面这个"不"字模糊不清,下面这个"要"字发音响亮,上一个音为下一个音所吸收,造成的误会可大可小。我也想起"四"和"十"两个字纠缠不清,你说四,照例要伸出四个手指头,或者补上一句一二三四;你说十,照例要翻开两个手掌,或者补上一句十全十美,不过这是交了多次学费以后的事了。

我曾在台北的"中国广播公司"做编审、做节目制作人,总觉得公司的名字没取好,六个字读下去,越往下越有气无力，含混了事。后来知道台北市有个公共工程局，前面三个字嘴唇张不开，气出不来，嗡嗡然像鼻音，更不好。有个朋友办杂志，取名《读物》，我暗想糟了，全在嘴里堵住了，怎么能不胫而走，果然，办了几个月，关门了。当年台北引进Taxi，不肯跟香港人学着叫的士，而要发扬中华文化，叫出租汽车，出、租、汽三个字，气从牙缝里出来，奄奄一息，叫车不顺口，满街都喊Taxi，连不认识ABC的老人家也学会了这个英国字。

根据经验，听不懂的字多半是单音词，如果诉诸听觉，"国如大海中的一艘船"，最好改成"国家好像大海中的一艘船"，"隋时的制度到了清时还没有废除"，最好改成"隋朝的制度到了清时还没有废除"，"夏雨冬雪都不能没有"，最好改成"夏天下雨冬天下雪都不能没有"，"熄了灯，坐在那里等待窗明"，最好改成"熄了灯，坐在那里看什么时候窗户明亮"。行文时常常品味，"油桶水桶听筒信筒，行动清洁悲哀节省，但是虽然已经然而"，可以是一个字也可以是两个字，是否两个字比一个字好？"警局机场市府"可以两个字也可以三个字，是不是三个字比较好？

把单音词改成复音词，我们要看一看前人的大破大立。

"黄金白银苍蝇老鼠"，前面硬是加上形容词，这时候我们可以明白，为什么老鼠一生下来就要称老。"石头桌子窗户尾巴"，后面硬是加上一个语尾，于是石有头，桌有子，人家窗是窗，户是户，硬要送做一堆。最亲近的称呼都两个音重叠，爸爸妈妈哥哥奶奶公公婆婆。为什么？我们应该从中得到启示。

都说中国的方块字一字一音，翻译佛经的时候，受拼音文字影响，发现汉字的字音可以分拆，于是出现了声母和韵母，声母相同的字叫作双声，韵母相同的字叫作叠韵，根据经验，双声字和叠韵字都容易听错。"甜豆浆"、"咸豆浆"容易听错，因为"甜咸"叠韵，所以要问"加糖"还是"加盐"？"程家"和"陈家"容易听错，因为"程陈"双声，所以要问"程教授"还是"陈上校"？这场比赛，我被日本打败，还是我把日本打败？这件东西卖多少钱？两元吧、两元八，还是两元半？无线电报务员常需要口头说出电码，电码不能听错，他们把"1"念成"幺"，把"7"念成"拐"，因为"1"和"7"叠韵，他们把"0"念成"洞"，把"6"念成"陆"，因为"0"和"6"双声。这才避免多少丧师辱国。

最后最伤脑筋的是同音字，咱们字多音少，就拿手边常用的小字典来说，随手打开，一个"屋"字，阴平有十三个字相同，阳平有十六字相同，上声有十五个字相同，去声有二十三个字相同，合计五十二个字同音。人人知道同音字的祸患，民间流传多少用同音字编成的笑话。

可是山东省有两个县，一个叫临沂，一个叫临邑。美国有两个地方，一个译成华府，一个译成华埠。文学有两个术语，一个是题材，一个是体裁。中国有两种鸟，一个叫雁，一个叫燕。台湾有位女作家，文章写得不错，署名邱季女，读者窃窃私议，她自己不知道。后来在报刊上失踪了，想是终于发觉不妥，换了笔名。有人给他孩子取名范桶、胡杜、王伯党。有一次，在某个场合，朋友给我介绍一位来宾杨慕时，我以为是杨牧师，酬酢中连连称他杨牧师，散场后朋友抱怨，你怎么那么不客气，连名带姓一直叫，我才恍然大悟。

由这些例证看，世人对同音字的警觉不高。读文章，常常碰到这样的文句：理行李（收拾行李？），在闹市闹事（大街上打人？），两人的意志一致（同心协力？），过着诗意的生活（失意的生活？），这件衬衫的价钱不止一百元（不值一百元？）。再看：又有优游自在的生活（又、有、优、游，四字回音），无所事事是世上最坏的习惯（事、事、是、世，四字同音），辩论会分正反两组，每组第一个出场的人叫主辩，下面接着出场的人叫助辩，主助难分，在会议中受到批评的人上台为自己发言，称为答辩，与大便难分。

有一个时期，咱们的学者专家讨论可不可以把汉语写成拼音文字。有人提出问题，同音字这么多，怎么能拼音呢，拼音以后怎么听得懂呢。有人提出答案，把单音词变成复合词好了，衣和益同音，衣裳和利益就分开了，成和程同音，成功和程度就分开了。警局，安理会，都是缩写，缩写是为了节省字数，节省字数是因为从前书写工具不便利，当每一个字都得刻在木板上才可以印刷的时候，要想办法少写几个字，现在还用得着吗？我们把"警局"写成"警察局"，把"安理会"写成"安全理事会"，还会听不懂吗？

还有，前贤说过，求简是文言文的习惯，文言文不能拼音，纯净的白话才可以拼音。古人说"卵"，你得说鸡蛋；古人说"虽"，你得说虽然；古人说"羡"，你得说羡慕；古人说"聚"，你得说见面。古人说"火"，那是什么？烧掉？火灾？战争？古人说"治"，那是什么？来做官？整理出来？天下太平？古人比赛求简,"逸马杀犬于道"得第一名,六个字写出来省竹简,印出来省木板,说给人家听可就要费劲儿,一匹马从马棚里逃出来,在大街上能跑多快就跑多快,大街中心那条狗来不及躲闪,被那匹马踢死了！我们在这里并非鼓吹拼音,我们只是讨论听得懂听不懂,前贤这段话和我们前面提到的单音词、复音词共鸣,这番话提醒我们,单音词多半来自文言,文章要人家听得懂,就得明白该不该使用文言,怎样使用文言。这是写作者一生必修的功课,这里先提个醒儿。

好了,到此为止吧。以上所说,偏重字音的负面作用。另有一面,利用字音制造谈话趣味,编织故事情节,增加表现的能力,那些是以后的事了。

(参考资料:王鼎钧著《广播写作》,空中杂志社出版)

（三）画面

电视普及了，写作的人又添了一门功夫，用画面写作。

电视用画面呈现内容，改变了写作的定义。"写作是用语言文字表达思想感情"，这样说还不够，你得把思想感情变成画面，再把画面写成文字。

鼓励学习的人发现画面，捕捉画面，倒也并非完全为了电视。画面可以使文章的内容生动充实，让读者印象深刻。当年台北的中国语文学会多次举行"新时代儿童创作展览"，主其事者有意促使文字和图画相辅相成，就把比赛分成文字组和图画组，文字组写的作品交给图画组的去画，图画组的人画出来的作品交给文字组的人去写，通过评选对照展出。工作中发现，画出来的作品一定能写，写出来的作品未必可以画,因为有些文字没有画面。

"举头望明月"有画面,"低头思故乡"没有画面,"那里有森林煤矿,还有那漫山遍野的大豆高粱",才有画面。"五号公交车最后一站,门口有一棵大榕树,树底下有公车站的站牌",才有画面。"春天去了,还会再来",没有画面,"桃花谢了,还会再开",有画面。"人生如梦",没有画面,"人生由牛痘、考试、喝啤酒、上网、结婚生子组成",有画面。"心中道德之律",没画面,"头上繁星之天",有画面。"天离地是多么高,东离西是多么远",没有画面。"爱有多深,恨也有多深",没有画面。"真理只有一个,所以很难找到",没有画面。都是名句,都没有画面。

我还记得,在新时代儿童创作展览里面,有一个孩子写他全家到植物园游玩,文章的重点是那个大池塘,孩子还没有能力描写那满塘荷花,但是写自己爱水,一片童心。他很想蹲到池边看自己的影子,把手伸进水里逗引游鱼,妈妈总是往后面拉,拉他离水远一点,抱怨池塘四周怎么不围起栏杆。孩子也有自己的想法,认为池塘四周应该有长椅,他们游戏的时候,爸爸妈妈可以坐下来休息。

图画组有两个人看图作文,提出两篇文章。两篇文章都对荷花尽情发挥，没写出来的都画出来，图画文章各有所长，图画又的确比文章讨人喜欢，这也就是后来杂志为什么打不过电视。两位小画家又同中有异，一个在池塘周围画上栏杆，他大概也认为安全重要，另一个在池塘周围画上长椅，好像也觉得爸爸妈妈一直站在那里太累了，小小年纪，就知道用画弥补现实的缺憾，寄托自己的怀抱，很有意思。

看电视，不要只看故事有多热闹，明星有多漂亮，要看怎样经营画面。且说我看过的画面吧，太太劝丈夫戒烟。人世间有个奇怪的现象，越是亲近的人劝你，你越不听，父母劝子女，妻子劝丈夫，总是失败。这个能干的妻子想了一个办法，也就是编导设计了一个画面，每逢丈夫点起一支烟的时候，她就当着丈夫的面点燃一张钞票。丈夫说：太太，可惜了。她说，你也是在烧钱。她向他挥舞手中的火焰，他说：太太，小心，别烧了房子。她说，你也小心，别烧了自己的身体，慢性火葬。这个画面很强悍，有力量。

另一个情节是劝丈夫戒酒。在生活中，大都是苦口相劝，太依赖语言文字了，也太沉闷了。电视依赖画面，丈夫喝酒的时候，太太用酒浇花，窗台上花盆里种了花。当然，花死了。有一天，丈夫端着酒杯，走向窗台，想对花小饮，看见枯枝败叶，怔住了。佛教说人可以突然大彻大悟，现在确有其事，此人立刻决定戒酒，把酒杯酒瓶"哗啦啦"扔进垃圾桶，这个画面也不坏。

最近看到一部大戏，演出司马懿的一生，历史大事按下不表，且说司马懿到了晚年，掌握魏国的军政大权，他要除掉政敌曹爽。且看他上朝的那个场面，皇帝是个小孩子，离开座位走下来迎他，他说杀曹爽，灭三族。小皇帝照样念一遍，杀曹爽，灭三族，司马懿就算拿到了圣旨。文武百官排列两旁，只见躬身朝拜的背影，服饰一律，姿势一律，好像是装饰性的木偶，这表示朝中都是应声虫，没有杂音。他倒是俯伏在地，应对恭谨，但是整个大殿色调灰暗，他披着一件鲜红的披风，成为视角上的焦点，这表示他是大魏朝政唯一的重心。

然后看他退朝，一个全景，照出台阶之多，显示大殿之高，也照出台阶之长，显示大殿之大，每一层台阶上有一个卫士，他们靠边站，距离远，身形小，姿势僵硬，也是木偶。就在这个阶级森严的画面上，披着红色披风的司马懿像旭日一样在顶端出现，一步一步走下来。以他的身份，他的年龄，身旁总该有随从照料，可是没有，编导故意安排没有，让他披风的红光充沛空虚的画面，显示他的权势，也看出他的孤独，让他像雄狮猛虎独来独往，落入弱肉强食的丛林境界。编导什么也没说，让图画自己显示，这叫作"会说话的图画"，不需要文字语言。

说画面，忘不了唐朝的王维"诗中有画、画中有诗"。王维的画没见过，诗流传很广，大概因为每幅画只有一张，诗可以印千本万本，熬得过天灾人祸，水火兵虫，这些地方文字比图画强。"明月松间照，清泉石上流"，月色一片光明，照见松林，显得松林幽暗，照见石上的泉水，泉水显得晶莹可爱，这种对光线的敏感和使用，正是画家的专长。"大漠孤烟直，长河落日圆"，现代人佩服得不得了，说这是抽象画，几何图形，稀有难得。

王维不但写静止的画面，还写流动的画面，"竹喧归浣女，莲动下渔舟"，一群女孩子，结伴到溪边洗衣服，她们穿过竹林中的一条小径，回来了。竹喧，可以解释为竹林里传出来她们说说笑笑的声音，也可以解释为安静的竹枝忽然"哗啦哗啦"响，因为浣女擦身经过，碰撞了、摇动了它们。不管是哪种声音，都不固定在一点上，都会流动延长，形成"动画"。"莲动下渔舟"，可以解释为渔船要出去打鱼了，从家门口种了一片莲花的池塘里开出去，这一池的莲花莲叶都摇摇摆摆，好像是欢送。也可以解释为看见莲花摆动，就知道渔船要出去作业了。我比较倾向竹喧而后知浣女归矣，诗人是有视角的，王维写的是一个极静的环境，竹本来不喧，莲本来也不动。从他的角度看，这两句应该不是倒装。不管是哪一种解释，这两句诗都是写动态，动态也延长继续，不固定在一点上。这种"动画"更使人想到电视电影。

其实不止王维一人诗中有画，"人面桃花相映红"，崔护有画；"傍花随柳过前川"，程颢有画；"似此星辰非昨夜，为谁风露立中宵"？黄景仁有画；"一片降幡出石头"，刘禹锡有画；"惊涛拍岸，卷起千堆雪"，苏东坡有画；"无边落木萧萧下，不尽长江滚滚来"，杜甫也有画，而且是动画，画面的景象不停地更新，你什么时候想到它，它都是一幅新画。到了银幕屏幕上，画面就固定了，永远是那样的落叶、那样的江水了，这又是文学胜过画面的地方。画面并非为电视而存在，只是电视需要画面，使我们想起画面重要，只是现在有电视，我们比古人多了一个机会。

画面，小说里头也有。《红楼梦》第五十回，大观园众家姑娘在芦雪庵赏雪联句，宝玉成绩太差，应该受罚，李纨罚他到栊翠庵讨一支红梅来插瓶，而且限他独自一个人前往。栊翠庵是妙玉出家修行的地方，妙玉是一个年轻漂亮的尼姑，她见了宝玉会有很微妙的反应，这些不去管它，单说宝玉一个人扛着一支红梅在雪地上走来，就是很好的画面。与其说《红楼梦》的作者写到此处考虑怎样罚宝玉，毋宁说他在考虑在此处穿插一个什么样的画面。

散文里面也有画面。我喜欢湖，曾经用画面写湖。我说湖比山亲切，湖中看山，山变成平面上的色彩线条了，有画意，第一个发明绘画技术的人，也许是在湖边恍然大悟。当时是夏天，湖中的山林真个翠绿欲滴，想象秋天满山红叶，满湖霞彩，想象冬天冰封雪飘，只见地上一块无瑕的玉石。当时是晴天，想象风雨动静、明暗变化，一湖变千湖。当时是白昼，想象夜间湖中有月，俨然宇宙初造。想象它春天娇美，夏天慵懒，秋天冷静，冬天孤傲。有一个湖，你就有这么多想象，多到你没法离开。

连论说文都有画面。他说工作要专心，立刻奉送一个画面：右手画圆左手画方则不能两成。他说做事要得法，懂窍门儿，加上一句"吹箫，一头吹得响，一头吹不响，你应该知道吹哪一头"。他说要珍重你现有的，不要只想你没有的，你看：二鸟在林，不如一鸟在手。他成大事立大业要不拘小节，即使是上帝，他也得"江河万里，挟泥沙以俱下"。

当年梁任公痛感中国人暮气沉沉，缺少冒险进取的精神，希望我们的民族年轻起来，他发过下面一段议论，你看他句句是画面：

> 老年人如夕照，少年人如朝阳。老年人如瘠牛，少年人如乳虎。老年人如僧，少年人如侠。老年人如字典，少年人如戏文。老年人如鸦片烟，少年人如波兰地酒。老年人如别行星之陨石，少年人如大洋海之珊瑚岛。老年人如埃及沙漠之金字塔，少年人如西伯利亚之铁路。老年人如秋后之柳，少年人如春前之草。老年人如死海之潴为泽，少年人如长江之初发源。

（参考资料：王鼎钧著《文艺与传播》，三民书局出版）

（四）文言白话

我们现在写的是白话文。白话是以北京话为中心，以黄河流域下游通行的语言为底本，吸收文言，吸收方言，吸收外来语，调成的一杯鸡尾酒。我得多说一句：这是事实如此，并非我主张如此，我知道有人认为不该如此，我不参加争辩，也不能等争辩结束再谈写作。

现在要说的是，白话文吸收文言。为什么既有白话，又有文言呢？这个文言从哪儿来的呢？有学问的人说，语言有变迁，古人说的话跟今人说的话不一样，古人的"哂"，到了今人就变成了笑。有学问的人又说，古人写字很不方便，能少写一个就少写一个，"郑伯克段"，是说郑国的国王把一个叫共叔段的叛臣打败了，消灭了。文言求简，跟语言拉长了距离。

文言是根源,白话是发展,前辈作家先学文言,后写白话,他们的白话和文言还不能水乳交融,常有夹生的现象,像一锅米饭没煮好,熟饭里头有一粒一粒的生米。举例来说,"他曾提出要求,但我并未允"。这"未允"两个字就是生米,如要全锅煮熟,恐怕要写成"没有答应",连带前面的"并"要改成"并且",前面的"但"要改成"但是"。

再举一个例子:"膏将尽了,剩一团黑影。"膏,肥肉,油脂,可以指蜡烛,成语有焚膏继晷。膏将尽了,蜡烛快要点完了。"膏"字在这里很夹生,"将尽"本来还可以,和"膏"字连起来一并夹生。这样写有什么必要呢?没有,只是一时挣不脱文言文的束缚。

想那新文学运动展开的年代,前辈作家都是先学好了文言,后提倡白话,他们说要写好白话文,你得先学好文言文,他们在文言转化为白话的时候还不免常有败笔,这是我们今天后学要继续研习的功课。今天我们先学白话,后学文言,和先贤的轨迹不同,文言白话两种教材,两种教法,对学习者产生两种不同的影响,这两种影响到了学习者身上,一时还不能相生相长,学文言,不能增加他使用白话的能力；学白话，不能增加他欣赏文言的能力。我们得努力克服。

是不是可以放弃文言、专写白话呢？前贤也有人主张一清见底的"阳春散文"。首先要说，把这样的散文写好也不容易。然后要说，写儿童读物，写文盲的启蒙读物，当然需要用这种散文。但是，这可以是我们的一种散文，不可以是我们全部的散文。作家还要有更广更深的表现，那时他会发现，他需要文言，需要方言，需要外来语，甚至需要自己创造一些词，一些句法。说个比喻：写作如博弈，筹码要多。写作好比经商，资源要丰富。写作好比作战，你得有各种武器，有了机枪还要有步枪，步枪瞄准精确，可以狙击。有了步枪还要有枪榴弹，枪榴弹可以消灭射击死角。有了炮兵还要有空军，空军可以轰炸敌人后方。有了步枪、空军还要有火箭。你去看看，雕刻家有几种刀，书法家有几种笔，乐队乐团有多少乐器，单说你的钱包里也不能只有一张大钞。

基本上，文言可以尽量兑换成白话。文言："渊源有自"，白话："水有源头木有根"。文言："不合时宜"，白话："六月卖毡帽，正月卖门神"。文言："沉鱼落雁"，白话："狗见了不咬,鸟见了不飞"。文言:"百足之虫,死而不僵",白话:"瘦死的骆驼比马大"。文言:"否极泰来",白话:"三十年河东,三十年河西"。文言:"明足以察秋毫之末而不见舆薪",白话:"虱子在路上过都看到了,老牛在路上过倒没看见"。文言:"相惊伯有",白话:"活见鬼"。文言:"江河日下",白话:"一年不如一年",或"一代不如一代"。平时读书或听人谈话暗中留心,随时记下,兼收并蓄,增加武器,储存资源。

当前有一个趋势,读过文言文的人越来越少了,顺应这种趋势,除了学术论著,你我为读者大众写文章,文言的成分越少越好,用文言典故显示学问根底也许疏离了许多读者。文言典籍,我们仍然应该大量阅读,但是避免直接使用。要懂得变化吸收,文言才可以使我们的白话文写得更好,那些不爱文言的读友们,还是可以从我们的白话文里摄取文言的营养。

我曾经建议一种办法,自己也做过,用白话溶解文言,文言失去自己的面目,实际上仍然留在里面。我们读过"兔脱",可以写出"敌人突围成功,他们跑得比兔子还快"。我们读过"借鉴",可以写出"派人出国考察,借个镜子照一照"。我们读"沧桑",可以写出"那地方本来是秘密警察总部,现在是反对党办的电视台;那地方本来是神学院,现在是舞厅"。我们读过"摩顶放踵",可以写出"如果怎样怎样,我这辈子情愿头朝下,脚朝天"。我们读过"鬼斧神工",可以写出"完成这样的工程,真得有上帝那样的工作能力"。我们读过"死伤枕藉",可以写出"尸体倒下来,压在伤兵身上,伤兵又倒下来,压在尸体上,层层叠叠"。文言不是求简吗,我们把它打包装箱的东西释放出来,就是白话了。

破解文言,还原白话,我称为演绎。我写过:"下棋落子,有时需要仔细思考,思考很久,这时,手指捏着一枚棋子,轻轻敲着桌面,非常好听。也是无意识的动作,为了屋子里有那声音。桌面轻轻震动,灯花落下来,我吃了一惊。"这段话我演绎了"闲敲棋子落灯花"。我写过:"我离开长安走这条路,你回长安也走这条路,我们都骑在马上,交臂而行,勒马相遇。你看我们的来时路多么长,这一头的太阳也照不到那一头的长安。"我演绎了"故园东望路漫漫"。我写过:"你沿着这条路走下去,有老人,没有你的父母;有炊烟,没有你的食物;有学校,没有你的同学;有教堂,没有你的菩萨。"我演绎了"西出阳关无故人"。我写过:"春花的万紫千红,是合唱;秋花的万紫千红,是呼喊。春花的万紫千红,是炫耀;秋花的万紫千红,是奋斗。春花的万紫千红,是化妆;秋花的万紫千红,是面具。春花的万紫千红,是诗歌;秋花的万紫千红,是戏剧。"我演绎了"霜叶红于二月花"。我写过:"我也觉得东风没有自己的家,与其继续漂泊,何如和你我比邻落户?我们何其盼望六合回春、四季皆春这样的成语能成为现实的描述?谢谢你,为我们共同的心愿,你呐喊了几千年。"我演绎了"不信东风唤不回"。

有时候,我使文言和白话并列出现。我写过:"未有学养子而后嫁者也,他老人家哪里料到,新娘学校在学生未结婚时教她们怎样养孩子,那些十几岁的大姑娘小姑娘先学妊娠知识、哺乳知识,还要加上避孕知识,不但学养子而后嫁,还学'不养子'而后嫁。"我写过:"君君臣臣父父子子,君臣父子都知道自己担当什么样的角色,都照着古圣先贤编定的剧本念自己的台词、做自己的动作。"我在放进文言的生米之后紧接着用白话蒸煮,不让它夹生。

另外一种情况,我还写过:"初恋是不会忘记的,刻骨铭心，奈何我后来嫁给别人了，嫁鸡随鸡，嫁狗随狗，你不能希望我东家食而西家宿。"我还写过："爱情，深闺似海不能禁止，男女授受不亲不能禁止，父教子死不得不死无法禁止。爱情莫之为而为，莫之至而至，爱情行其所不得不行，止其所不得不止。"这是先用白话铺陈，后用文言确认，一锤定音，回响满纸。

由此可见，文言和白话都可以是同一篇文章的一部分，彼此相通相成。现在，《古文观止》，不论哪一种版本，都在每篇文章后面附一篇白话翻译，你读了那样干干净净的译文有没有怅然若失？这样一篇文章如何"观止"？为了打破语言的障碍，翻译特别偏重字句兑换，使译文中完全没有文言的成分，流失了艺术精华。新文学运动的先贤告诉我们："古人叫作欲，今人叫作要；古人叫作至，今人叫作到；古人叫作溺，今人叫作尿……古人悬梁，今人上吊；古人乘舆，今人坐轿；古人加冠束帻，今人但知戴帽。"但是，今后的白话文学，决非把"欲"换成"要"，把"溺"换成"尿"，就可以了事。

（参考资料：王鼎钧著《广播写作》，空中杂志社出版）

（五）原序

杨传珍

王鼎钧先生在台湾散文家当中成就高，在海内外享有盛名，被誉为"一代中国人的眼睛""文坛的常青树"，是台湾散文创作"崛起的山梁"。他的《作文七巧》、《作文十九问》、《文学种子》和《讲理》，为青少年写作释疑解惑，风行台湾和香港。可以说，"作文四书"以台、港为实验室，经过三十多年检验，获得成功后在国内推广普及。

身为散文大家的王鼎钧，为什么降低姿态，写这样四本书呢？作者说："我是赤着脚走路的那种人，路上没有红毯，只有荆棘。中年以后整理自己的生活经验，产生了一个疑问，当年走在路上，前面明明有荆棘，为什么走在前面的人不告诉我呢？前面有陷阱，为什么没有人做个标记呢？前面有甘泉，为什么去喝水的人不邀我同行呢？经过一番研究，我知道一般人在这方面是很吝啬的。于是我又衍生出一个想法：我一边赤脚行走，一边把什么地方有荆棘、什么地方有甘泉写下来，放在路旁让后面走过来的人拾去看看。"

《作文七巧》讲的是"直叙""倒叙""抒情""描写""归纳""演绎""综合"七种写作技巧。你可能会说："这些手段，我早就听说过了。"可是，别人讲的，有这么精彩吗？王鼎钧学养深厚，写作经验丰富，他在给你"一瓢水"的时候，其背后拥有汪洋大海。他在解释抒情的时候，顺便写道："身为读者，应该明白抒情文是不能'考据'的。他说'我的血管连着她的血管'，你干吗要解剖呢？他说'我饮下满杯的相思'，你干吗要化验呢？他说他将在银河覆舟而死，你又何必搬出天文知识呢？他说他在那里坐成禅，坐成小令，坐成火山，你又何必摇着头说不可能呢？"

《作文十九问》假设一个勤学好问的学生，不断向老师请教写作中的疑惑。老师一边解答，一边启发这个学生自己思考。这十九类问题，既有普遍性又有针对性。现在，我建议你化身成这个学生，把王鼎钧当成"亲炙"你的老师，认真领会他是怎样解说这些难题的。你会在不知不觉中，登上一个写作高台，置身其上，发现触目都是可写的人物、事件、风景，你没有了找不到材料的苦恼，也不再为怎样表达而犯愁。

《文学种子》是一本带领你由教室到文坛，由写作业的学生向作家过渡的书。

每个人都有文学潜能。当你碰到一件不顺心的事情，郁闷得影响了学习的时候，如果选择文学的方式进行发泄，排解郁闷的同时，或许还得到了一首诗或一篇散文。这就是文学潜能的释放。当然，这是无意识的释放。如果你读了《文学种子》，由无意提升到有意，境界就不同了。王鼎钧说："人，可以说是在挫折中成长的，'不如意事常八九'，而'可与人言无二三'，有些重大的挫折造成'心的伤害'，终身隐隐作痛。在他心里有虫子咬他，热铁烙他，有针刺他，日复一日，年复一年，他忘不了，抛不下，躲不掉。他刺骨地想，内在语言如潮海翻腾。他只好去做某些事情去减除痛苦，其中之一就是文学创作。"然而，"倘若作家从人生中汲取的是浊水，倒入人生之中仍是浊水，这就不是伟大的作家，我们希望他能以艺术造诣、人格修养、思想境界蒸馏那水,过滤那水,变浊为清,再还给江河湖海,他提高了人生,也提高了文学"。怎样把生活转化成文章呢?怎样以提高文学的方式提高人生呢?《文学种子》里有详细介绍。

《讲理》是用叙事散文形式讲述论说文写法。

当今社会,所有知识人都离不开论说文:不仅高考作文和"国考"申论是论说文,公务文件和领导讲话,也以"论说"为筋骨。一生都不写无师自通的抒情文,也许能够安身立命,写不出论说文,很难跨过通向人生高地的门槛。无论从政还是从学,务农还是经商,论说能力都是体现综合素质的看家本领。可是,这最有用也应该掌握的能力,恰恰成为许多人的"软肋",使得一些以论说为职业的人,只会说套话和喊口号。究其原因,是没有经过有效的论说文写作训练。王鼎钧先生通过一个个鲜活的实例,轻松活泼地把论说文写法告诉你,使畏惧论说文写作的你,如释重负,不仅学会了用"是非法"进行"讲理"的方法,而且知道怎样在限定的时间里,利用现有材料把道理讲得精彩,讲得通透,成为让人心服的文章。

如果说,叙述水平与观察能力互为表里,抒情质量与情感密度相辅相成，那么，论说能力既源于判断力也优化着判断力。人的判断力是统摄思维的综合能力，具备了论说能力，判断力自然得到提高，并由此步入优秀者的行列。

《讲理》倾注了作者对青少年的爱，献出的是通行于"文界"的私藏，在技术性的范式中，装入人文关怀。48年前，王鼎钧先生写这本书，针对的是不会写论说文的青少年，今天，步入社会的中青年，如果用这本书补上"讲理"课程，是十分幸运的事情。

我十一岁失学，十九岁那年重新走进学校，工作之后尝试文学创作。1991年，有幸读到了繁体字版的"作文四书"。我边读边想，"如果我在少年时期读了这么好的书，早就是一个写作名家了"。这一年，我到吉林大学中文系读书，获得硕士学位后，到大学教书，主讲《西方美学史》和《文学概论》。后来，系里又给我增加了四个班的写作课。开学一周，我就发现，写作教材里多是大道理，是用高深的术语介绍简单的写作程序，虽然没有错误，对提高写作水平却没有多大帮助。征得系主任同意之后，我在教学上做了尝试：两个班讲规定教材，两个班讲王鼎钧的"作文四书"。一个学年下来，听"作文四书"的学生，写作水平明显高于听规定教材的学生,至于人格建构上的飞跃,那就难以估量了。

作文指导书容易流为枯燥,而"作文四书"生动活泼,处处感性;作文指导书容易流为教条,而"作文四书"有很高的启发性,春风化雨。作者不仅指导写作,同时也塑造人格,使你心地善良,感情丰富,思维条理,智慧过人,灵魂圣洁,人格强健。作者以他的爱心培养你的爱心,以他的功力打造你的功力,以他的境界提升你的境界。在《作文七巧》里,作者放低姿态,领着你走路;《作文十九问》把路指给你,让你自己走;《文学种子》启示你走自己的路,鼓励你与大师赛跑,开始壮丽的人生;《讲理》告诉你论说文就是"讲理",把生活中的判断力整合拔升为写作中的判断力。

读了"作文四书"之后,如果你觉得受益匪浅,那就转告你的同学和老师,让更多的人和你一起受益。整个精神氛围的提高,意味着你站在一个高海拔的基座上;当周围的朋友同时拥有甘泉,你的心田会更加滋润。

(作者为山东枣庄师范学院教授)

王鼎钧作品系列（第二辑）

开放的人生（人生四书之一）

本书讲做人的基本修养。如何做人？这个问题很"大"。本书用"小"来作答，如春风化雨，通过角度、布局、笔法各各不同的精彩短章，探悉人生的困惑，以细致入微的体察和智慧的省思，带给人开放、积极而平和的人生态度。

人生试金石（人生四书之二）

人生并不完全是一个"舒适圈"。由家庭到学校，再由学校到社会，成长要经历一个又一个挫折和失望。本书设想年轻人在逐渐长大以后，完全独立以前，有一段什么样的历程。对它了解越多，伤害就越小；得到的营养越丰富，你的精神就越壮大。

我们现代人（人生四书之三）

在传统淡出、现代降临之后，应该怎样适应新的环境和规则，怎样看待传统的缺陷？哪些要坚持？哪些要放弃？哪些要融合？现代人需要怎样的标准和条件，才能坚忍、快乐、充满信心地生活？作者将经验和思索加以过滤提炼，集成一本现代人的安身立命之书。

黑暗圣经（人生四书之四）

这是一本真正的悲悯之书——虚伪、狡诈、贪婪、残忍，以怨报德，人性之恶展现无遗，刺人心魄。但是，"当好人碰上坏人时，怎么办？"，这才是"人生第四书"的核心问题。它要人明了人之本性，懂得如何守住底线，趋吉避凶。而且断定，即便有文化的制约，道德也是永远不散的"筵席"。

作文七巧（作文四书之一）

世界上优秀的作品都需要性情和技术相辅相成，性情是不学而能的，是莫之而至的，人的天性和生活激荡自然产生作品的内容，技术部分则靠人力修为。——基于这样的认知，作者将直叙、倒叙、抒情、描写、归纳、演绎、综合汇成"作文七巧"，以具体实际的程式和方法，为习作者提供作文的捷径。

作文十九问（作文四书之二）

"作文一定要起承转合吗？""如何立意？""什么才是恰当的比喻？""怎样发现和运用材料？"……本书发掘十九个问题，以问答的形式，丰富的举例，解答学习作文的困惑。其中有方法和技巧，更有人生的经验和识见。

文学种子（作文四书之三）

如何领会文学创作要旨？本书从语言、字、句、语文功能、意象、题材来源、散文、小说、剧本、诗歌，以及人生与文学的关系等角度，条分缕析，精妙点明作家应有的素养和必备的技艺，迎接你由教室走向文坛。

讲理（作文四书之四）

本书给出议论文写作的关键步骤：建立是非论断的骨架——为论断找到有力的证据——配合启发思想的小故事、权威的话、诗句，必要的时候使用描写、比喻，偶尔用反问和感叹的语气等——使议论文写作有章可循，不啻为研习者的路标。而书中丰富的事例，也是台湾社会发展的一面镜子。

《古文观止》化读（之五）

作者化读《古文观止》经典名篇，首先把字义、句法、典故、写作者的知识背景、境况、写作缘由等解释清楚，使文言文的字面意思晓白无误，写作者的思想主旨凸显。在此基础上推进，分析文章的谋篇布局、修辞技巧、论证逻辑、风格气势等，使读者能对文章的优长从总体上加以把握、体会。最后再进一步，能以博学和自身的人生境界修为出入古人的精神世界，甚至与古人的心灵对话，此尤为其独到之处。